# 学校は甦る

## その現状と未来を考える

永井 崇
Takashi Nagai

根本太一郎
Taichiro Nemoto

本書は教員の職場環境が学校種によって差異があるため、私立中高一貫校教員の根本と、元小学校教員で現在自治体の教育行政に携わっている永井が筆を執った。それぞれの環境を内容に反映させるため、各章両名が別々に事例や考察を記している。

# まえがき

永井 崇

教員になってもう34年という時間が経つんだなぁというのが現在の感想です。

振り返ってみると、私が教員になった時代は、まさに「バブル」時代。DCブランドが流行し、1000円のTシャツよりも1万円のTシャツがよく売れた。いま思うと信じがたい時代でした。

私もその波に乗り遅れてはいけないと必死にアルバイトをしては、高い服を買っていた記憶が甦ってきます。だから、まずはアルバイト、勉強は後回しという、いま思うと恥ずかしい学生時代を送りました。

バブルを知らない世代にとっては、そんな気持ちで大学で学んでいたのかと怒りだしたくなってしまうのではないでしょうか。でも、日本が、良くも悪くも、もっとも元気や活気があった時代だったように感じます。

企業に勤めている人も公務員の人もやる気が漲《みなぎ》っていました。経済も潤っていました。きっとその背景には、対価となる充実した給料があったと予想がつくと思います。

そのなかで、なぜ教員を選択したかというと、「絶対なるんだ」「教員になってやる」という強い気持ちをもっておらず、どちらかと言えば、「企業に就職をするんだ」「企業に勤めるんだろう」というのがその当時の自分の素直な気持ちでした。その理由は、叔父が大手の自動車メーカーに勤務をしていた関係で、叔父に会うたびに会社での開発等のエピソードや、海外での仕事の話を聞かされていたからでした。

海外で仕事をしたいと思っていた私自身にはとても興味深いものでした。また、話の中で時々出てくる給料の話も、もの凄く魅力的に感じたことは言うまでもありません。

そのようななかで、なぜ教員になったのかというと、同級生の多くが5月くらいから、採用試験に向けた勉強を本気で始めだしたからです。これまで一緒に遊んでいた仲の良かった仲間も皆勉強が忙しくなり、そのうち誰も遊んでくれなくなりました。

当時、意志が弱く流されやすい性格だった私は、みんながどのような勉強をしているのかが気になり、ついにはテキストを買い、勉強を始めたことがいまに至っているということだと思います。

余談としては、当時、にわかづくしの中途半端な勉強しかしていなかったので、まさか教員採用試験をパスするとは、その当時自分自身をはじめ、同級生も誰も思ってはいませんでしたが……。しかも、受験したふたつの県の両方で合格したという信じがたい結果となりました。

当時は恥ずかしながら「自分って天才か」と鼻高々でした。あとでわかったことですが、先述したバブルの影響を強く受けたことで、学生の多くが公務員ではなく、民間に流れたことが、このような結果になったというだけのことでした（笑）。もし、受験した当時、バブルでなければいまの自分はここにいなかったかもしれませんね。

こうして、自分の故郷に帰り、福島県での教員生活がスタートしました。

そののち、教員になって3年ぐらい経ったころ、バブル経済が崩壊し、企業の倒産が相次いだり、リストラで多くの人たちが職を失ったりすることになりました。

もしあのとき民間を選択し、一般企業に就職していたら、いまどうなっていたのだろうかと思うと、運命って怖いですね（一般企業に就職できたかどうかは疑問ですが……）。

そのような私が、明治大学教育会での発表をきっかけに、本を書かせていただける千載一遇の機会をいただきました。この機会を活かし学校現場で起こっていることを多くの皆さんに伝えるとともに、これから教員をめざしたいと思っている学生などの方々の背中を押せるような応援団になれればと思っています。

２０２４年12月

## 根本太一郎

「教員を志したのはいつだろう」「いつ教師を仕事にしようと強く思ったのだろう」……考えてみましたが、はっきりとした時期や理由を思い出すことはできません。

教壇に立とうと志した瞬間とは……本書の執筆をきっかけにじっくり考えてみました。はっきりした理由はありませんでした。改めてそう思います。しかし、そのきっかけになったと断言できるのは恩師との出会いです。とくに中学2・3年生のときの担任の先生の影響を強く受けています。恩師によって「教師」という仕事への憧れが形成されました。恩師とのエピソードをもとにその理由を記します。

ひとつ目は、「かっこいい大人になりたい」と思ったことです。恩師との初めての出会いは、始業式明けの学年集会でした。どんな先生なのだろう。期待に胸膨らませていたとき、唐突に英語で自己紹介を始めました。それを聞いた瞬間、堂々と話し切る様子に憧れをもちました。英語を操り、大人数の前でやり切る姿に言葉を失ったこと、いまでも覚えています。

ふたつ目は、「自らの仕事に誇りをもつ」ことです。担任の先生は社会科の教諭でした。どの授業においても教材研究を惜しまず、練り込まれた授業展開によって、いつも社会科の授業が楽しみな気持ちでいっぱいでした。今日はどんな学びを得ることができるのだろう。その期待をいつも良い意味で裏切られ、社会科の授業を通した世の中の仕組みや歴史を学ぶ意義、さらにはどう人生を送っていけばいいかも考えさせられました。

そんな授業を先生はいつも生き生きと、楽しそうに行っていました。また、常々授業をすることへの誇りややりがいについて私たちに語ってくださいました。

その様子を見て、いつか私も大人になったら、自分の仕事に誇りをもち、やりがいやその魅力について語ることができるようになりたいと強く思いました。

三つ目は、「そっと背中を押して支えられるような人になりたい」ということです。私は、中学校生活を送るなかで、なかなか進路選択に自信をもつことができず、悩んでいました。また、級友との人間関係にも悩みをもち、それをうまく伝え、表現することができませんでした。うまく言葉にできず、それを問題行動という形で発露し、迷惑をかけてばかりでした。

そんな私を先生は決して見捨てず、粘り強く私に声をかけてくださいました。そのとき授けてくださったのが、「人生、意気に感ず」という言葉です。

この言葉をもとに自分自身、なんとか立ち直らなきゃと思い、目の前のこと一つひとつに対して真剣に向き合わなければならないとやり直すことができました。先生のこの言葉を支えに、高校受験に臨み、合格を勝ち取ることができた喜びはいまでも忘れられません。

その後の人生においても、折に触れてこの言葉を思い出して初心に帰るとともに、気持ちを引き締めるスイッチにしています。

人生の岐路はいつ訪れるかわかりません。悩み、苦しんでいるときに、背中をそっと支え、前に進んでいくきっかけを与えることができる、そんな人になりたいと、先生との出会いを通して強く思いました。

その後私は大学生活を通して、東日本大震災が起こったことや、故郷への思い、教員採用試験の合格の困難さ、教育実習での経験など、さまざまな要因がありましたが、憧れは心にしまい、新たに挑戦したいことを見つけて、地元で銀行員になることを決めました。

しかし、うまくいかないことばかりで自暴自棄になってしまったり、教員になった同級生が輝いて見えてしまったりしたことから、再び教員になることを志しました。

銀行員としてまったく組織に貢献できていない、仕事もろくに覚えられない状況下での転職に、甘いのではないか、逃げではないのか。何回も自問自答を繰り返しました。

そのとき思い浮かんだのが、恩師の姿でした。自分自身の憧れに正直になり、夢をカタチにできるよう、何度でも教員採用試験に挑戦してみようと気持ちを新たにし、挑戦を決めました。

退職後、地元の市役所での臨時職員、公立中学校での常勤講師を2年務め、7年前、福島県教員採用試験に合格しました。真っ先に合格の嬉しさを報告したのは家族、そして恩師でした。

そんな恩師の姿を追いつづけて長い月日が経ちました。この仕事に就き、教壇に日々立ちながら自分にとって「天職」であると強く言い切れます。

一方で、これまで勤務していくなかで、どうやって仕事を続けていけばよいのか、悩み、心が折れかけたこともあります。それでもこの仕事を続けていられるのは、教壇に立つ「やりがい」と「魅力」を日々噛み締めることができているからです。

昨今では教員の労働環境について「ブラック」と報道されることが多くあります。実際に、そういう側面もあるのは事実です。しかし、それ以上にこの教師という仕事のやりがいと魅力について知ってもらい、ひとりでも多くの人に教師を志してもらい、同じ世界を歩んでほしいという願いがあります。

本書は教員という仕事、そして、教育現場やそれを取り巻く社会について対話し、考えを深めることで、さまざまな見方・考え方から捉え直すことを目指しています。

それでは、一緒に学校の未来について捉えていく旅を始めましょう。私の実体験を通して記していきます。できる限りありのままの事実をもとにしました。この驚きや気づきをもとに、周りの人たちとの対話が始まり、引いては教員や学校について、考え直すきっかけになれば嬉しいです。

２０２４年12月

# 序章　学校の〝いま〟——取り巻く現状とは

永井 崇

私は2年間の校長（小学校）としての勤務を経て、昨年（2023年）度より教育委員会に勤務しております。以前に県教育センターに勤務し、教員に対しての初任者研修や中堅教諭等指導力向上研修（10年目の研修）などを担当していましたが、本格的な行政の仕事は初めてとなります。昨年は、慣れない管理――おもな業務内容は、講師等を派遣する人事管理や学校の統合など――という業務に手こずりました……現在もです。

さまざまな業務を行うなかで最も私を悩ませたのが、電話対応でした。ひとつ電話を切るとすぐにまた電話がかかってくる状態が長く続き、勤務時間のほとんどをこれだけに費やしてしまう同僚がいるほどです。そのため、学校の勤務時間が終わり電話がなくなってから、やるべきことが始められるというのが常態化していました。

私は正直、短気なほうではありませんが、自分の仕事に集中ができなくて、苛立ったこともありました。

ときには、「その質問の内容ならば、校長に聞けばいいでしょう」というレベルのものもあったり、教職員に対しての苦情の訴えが来たりと、そんなことで教育委員会に電話しないでほしいと何度も思っていました――現在もそう思っています。

一方で、校長から「非常勤講師の年次有給休暇（年休）は何日なの？」とか「公務災害申請の書類に必要な書類は？」などと質問されても、恥ずかしい話、その質問に相手が満足するような答えを見付けることができませんでした。

そのような状況下での仕事でしたので、残業代も出ないにもかかわらず、土・日曜も出勤し、普段の勤務も21時近くになることもあり、毎日がストレスでやりがいなどとてももてない日々を過ごしました。

それどころか、私の業務は、非常勤講師の勤務日数や年休管理、公務災害申請等だったので、法律や規則等の専門的な知識が必要なところもあり、担当する教員が数年で入れ替わりを繰り返すような軽い仕事ではないのでは？　と思いました。

加えて、本来教員の業務は、子供たちの夢や希望の実現に向かって、支援していくものだと思いますが、それに逆行するような学校の統合という、謂《い》わば、学校を閉ざす業務もあるため、気が乗るものではありません。

しかも、学校の統合に関しては、教育委員会に勤務している教員には担当させない自治体もあるということを知り、私の気持ちはますますネガティブになりました。

気持ちが滅入っているときに、本市としてこれまであまり進んでいなかった「働き方改革」に本格的に取り組むという知らせを受けました。さらに、その担当に私がなったということが、本市の働き方、その現状に出合うきっかけとなりました。

働き方改革にはこれまでも興味がありましたし、いまの教員の現状を自分が管理職の立場で見たとき、改善する必要があることをいつも強く思っていましたが、自分の学校以外の様子について知る機会はほとんどありませんでした。

担当として、各学校から報告が上ってくる働き方の現状を知り、愕然《がくぜん》としました。とくに管理職に関しては、過労死レベルを超えた時間外勤務時間の報告もありました。

原因を調べていくうちに見えてきたのは、学校現場でいまだにまかり通っている、〝古い〟ものの考え方でした。

具体的には、これまでの「遅くまで仕事をする教員が素晴らしい」「子供のためならいついかなるときでも、どんなことでもする」という教員の献身的な取り組みに依存する古い考え方でした。

もちろん、間違えていないこともあります。しかし、変える必要があるのも事実です。また、第三者から教員の世界がどのように見られているのか等、視点を変えてみることも必要だと思います。

近代日本の成り立ちを見てくると、教育が国の根幹を築くという考えが中心だったと思います。しかしながら、その教育を支える側である教員を志望する若者が減少していることを踏まえると、国が危うい状況にきていることを嫌でも想像してしまいます。

　その背景にあるのは「ブラック」と呼ばれる教員の労働環境です。決してこのままにしておいてはなりません。教員の働き方を改善するために何が必要なのか、これまでの教員として積み重ねてきた経験や、行政という現在の視点から、自分なりの切り口で働き方改革について考えていきたいと思います。

根本太一郎

## 新任者はどうやって教員に成長していくのだろうか

そもそも、新任教員はどうやって一人前の「教員」へと成長していくのでしょうか。私は学生のとき、そう思っていました。新卒ですぐに教壇に立ち、「先生」と呼ばれるのは不思議だと感じていました。

大学では入学と同時に教職課程を履修することに決め、授業を受けていました。ただ、出身大学は教員養成系ではないため、現場でどのようなことが行われているのかを教えてくれる具体的な講義はなく、学問的な視点からの講義がほとんどだったことを覚えています。

「教科教育法」「教育心理学」「教育社会学」や、実際の授業をつくる際の学問的な視点などを扱った講義はありました。その反面、かつて憧れた先生たちのような社会人としての姿へと成長するには、どのような過程を踏んで成長していけばいいのかわからない……そんな漠然とした不安をもっていました。

「教職入門」という授業では、実際の現場の先生の声を聞く場面もありましたが、その疑問は解決されぬままでした。

## 教育実習で思ったこと

大学4年生の春、故郷の母校（中学校）に教育実習に行きました。じつは、この当時、すでに地方銀行の内定をいただいていた状態でした。

当時、教員採用試験の倍率が非常に高かったため、受験することへの自信がなかったこと、恩師のように働き抜くことができるのかという不安などがあり、教員にはなりませんでした。しかし、教員への憧れが断ち切れなかったことと、教員免許を取得することを学生生活の目標としていたので、実習に参加することに決めました。

進路についての微妙な思いを胸に、いざ現場へと向かいました。そこでお世話になった先生に会ったり、実際の業務に身近に触れていったりするなかで、「学生」である自分と「教員」として働かれている先生たちの姿から次のように思いました。

自分にとって教師とは雲の上のような世界の人である。

授業をつくる難しさ、生徒への接し方、時間の使い方、部活動指導の専門性、同僚との関わりなど、目の前にいる先生のようにはなれないと改めて認識し、憧れを一度封印することにしました。教員になることは自分には叶わない。ここまでの働き方や思いをもって働くことはできない。自分にはそんな覚悟はないと思い、教員への憧れを諦めることにしました。

しかし、一度諦めたはずの思いを捨て切ることはできず、銀行を退職し、再び教職の道を志しました。大学を卒業して3年目の春、最初は常勤講師（1年契約の非正規教職員）という形で教員人生がスタートしました。ここから現在の勤務校を含めて4校を経験しました。

まだ一人前とは言い切れませんが、少しずつ教員としての仕事に慣れてきたようにも感じています。そんな私がどのように行動し、思い悩むなかで「教師」になってきたのか、これまでの歩みを1校ずつ振り返りながら「オーラルヒストリー」のような形で綴っていきたいと思います。

## 教壇に立つのはこんなにも緊張してしまうことなのか

初めて授業をするために教壇に立ったときのことはいまでも覚えています。地元のすぐ近くの中規模校、全学年5クラス、職員は40名近く在籍する学校に赴任しました。期待よりも不安が多く、本当に自分に務まるのか、自信がもてないまま、その日を迎えました。

それは4月の1週目、授業開きの際の出来事です。年間の授業の流れや、社会科を学ぶ意義について話をする予定でしたが、教卓の前に立ち、生徒を見渡して話しはじめると、頭が真っ白になって言葉が続かなくなりました。

そのときの冷や汗や喉の渇き、生徒の顔をなかなか直視できなかったことなど、いまも強烈な記憶として残っています。

その後、少しずつですが、授業に慣れはじめ、生徒とのやり取りを楽しみながら授業を進めることの喜びを感じ出しました。

さらに、生徒の姿を想定しながら教材研究に微力ながら集中できるようになったのは、授業をするようになって半年過ぎたくらいでした。

こちらが工夫すればするほど生徒の反応が変わり、生き生きと活動しはじめる姿に驚きとやりがいを感じ、ますます授業のおもしろさにのめり込むようになりました。

校務としては、正規採用の身分でなかったこともあり、副担任のほかにはとくに大きな仕事はなく、授業と部活動に専念した時期でした。

日々の何気ない生徒とのやり取りのなかで抱いた充実感が、この仕事を心から楽しむ基礎をつくりあげたと実感しています。

## 「理想像」に出合う

先輩教員にも恵まれ、生徒指導とは、授業づくりとは、そして教員とは、という私の問題意識について背中を見せて教えてくれました。付きっきりで指導案を一緒に考えてくれたり、生徒指導の場面に入らせてくれたり、これまでの教員人生について教えてくれたりなど……。

おぼろげにですが、自分の教員としての「理想像」が少しずつ出来あがってきた時期でもありました。また、この当時は教員採用試験への勉強も並行して行い、限られた時間の有効活用という点で、働き方を見直せた時期でもありました。

一番印象に残っているのは、2年目に同じ学年団を組んだ学年主任の先生です。教員になるかサッカーのプロ選手になるか悩まれたくらい、競技者・指導者として素晴らしい実績のある方でした。定年退職間際であるものの、いつも生徒と一緒にサッカーをしたり、授業でこまめに声をかけたりするなど、生徒に寄り添い、ともに時間を過ごすことを大切にするとてもエネルギッシュな方でした。どんなときも生徒より早く体育館やグラウンドに立ち、「場」を整えて待つ姿が、いまでも私の目に焼き付いています。

そんな先生を慕う生徒はとても多く、常に生徒の輪に囲まれて過ごす様子がとても格好よく見えました。また、卒業生もたびたび会いに来て近況報告をしていた様子から、卒業後も関わりを大切にすることができる、この仕事の素晴らしさを改めて実感しました。

また、先生には同僚思いの一面もあり、仕事終わりにほかの若手の先生と一緒にたびたび夕食に誘っていただきました。そのなかで、普段の学校生活を振り返ってアドバイスをいただいたり、これまでの教員人生の歩みについて伺ったりすることがとても楽しみでした。

普段生徒を惹きつけ、完璧に過ごされる先生からは想像もつかないくらい、若いころは苦労されたり、悩んだりしながらも教員とサッカーのプレーを両立したり、授業を磨いていかれたりといった話から、自分も地道な努力を大切にしようと思いました。また、常に生徒を第一に考え、厳しくも長い目で成長を見据えるところを学びました。

このように、常勤講師として過ごした2年間は教師としての仕事に「慣れる」こと、生徒とともに過ごすこと、これらを「楽しむ」ことを通して教師としての理想像を築く時期でした。当時はうまく言語化ができず、がむしゃらに過ごすことで手一杯でしたが、いま振り返るとそう思えます。

私の教員としての考え方の土台は、きっとこの時期に出来あがりました。

## 初任者としての自覚と責任

教員になって2年目、三度目の教員採用試験に合格することができ、翌年に福島県の県庁所在地（福島市）の、ある大規模校に初任者として配属となりました。全学年7クラス、職員も50名近く在籍する学校でした。母の故郷であり、自分自身も幼少時から何度も訪れたこともあり、初めて住むとは思えないような町でした。そんなある日、赴任の挨拶に初日伺ったときのことです。

「まだあくまで仮採用です。半年間は問題を起こさないよう自覚をもって過ごすように」と、当時の教頭先生からお話をいただきました。正直、初出勤で浮かれていた私は思わず鳥肌が立ち、背筋が伸びました。これからは、「教育公務員」として責任ある立場で従事しなければならないと実感した瞬間でした。

また、別の日、もうひとりの教頭先生からは「これまでの経験をいったんゼロと考えて、授業や生徒との関わりについて基礎から学び直してほしい」という助言をいただきました。常勤講師とはいえ、2年間の経験があったため、教科指導についての多少の自信がありました。しかし、その経験は所詮、根拠のない独学で培ったものでした。

そんな経験は捨てるような気持ちで、最初から学ぶような新鮮な気持ちで取り組む必要性を覚えました。まさにこの初任者期間は「スクラップ&ビルド」の時期にしようと思い、襟を正しました。このときのことをつい昨日のことのように思い出します。

この初任者の時期は激動の日々でした。毎週行われる校内研修のレポート提出に追われるとともに、年7回の研究授業のための指導案作成、毎月のように行われる自治体主催の初任者研修、日々の授業準備や学級での指導、土日は部活動の練習や練習試合、大会と休む暇はありませんでした。

帰宅はいつも20時以降、帰っても食事をしたら終わりが見えない初任者研修関係の仕事か授業準備、朝はギリギリまで寝て出勤、休日はもはや平日に終わらなかったことを終えるための時間と化し、余暇を余暇らしく過ごせたことはほとんどありませんでした。

常に何かしらやるべきことに追われ、一つひとつ終えるのに必死でした。もちろん、精神的にも肉体的にもギリギリです。当時、新婚でしたが、ほとんど一緒の時間を過ごすことができなかった妻には申し訳ない気持ちでいっぱいでした。家庭で過ごす時間をなかなか取ることができず、衝突してしまったこともありました。「ゆとり」がほぼない生活をおくっていたので、本当に大変な思いをさせたなとつくづく思います。改めてゆとりは何よりも必要ですね。

一方で、この時期は教師としての成長のために必要な時期だったなと思います。初めて学級担任をしたのもこの学校からです。当時の入学式のことはいまも鮮明に覚えています。「一生に一度の入学式、生徒にとっても保護者にとっても最高の一日にできるよう、心を込めて名前を読み上げよう」と心に誓い、何日も前から一人ひとりの名前の読み方を繰り返し練習しました。

当日、初めて生徒たちと出会い、堂々と大きな返事をできた生徒たちを見届けた瞬間、言葉にできない感動を味わうことができました。この瞬間はいまでも忘れられません。

それと同時に、この1年間、担任としてしっかり生徒たちの成長に寄り添っていこうと心に誓った瞬間でもありました。

それからは矢のように1年間が過ぎていきました。体育祭でクラスが一丸となって優勝を目指したこと、合唱コンクールでやっとまとまって美しい歌声を響かせたことなど、思い出すと当時の感動が甦ってきます。

もちろん、生徒とぶつかったり、ときには一緒に悩んだりもしました。ひとり教室で泣いた日もあります。そんな多くの体験を通して、生徒と一緒に成長させてもらった時期でした。

2年目、3年目も素敵な生徒に恵まれ、どのクラスでも最高の思い出に恵まれました。このときの教え子の一部とはいまだに連絡を取り合っています。当時の思い出や、近況をもとに盛り上がることもあります。当時培った「絆」がいまもこうしてつながっている。これこそ、教師としての喜びであると感じます。

## 管理職から学んだこと

そんななかで、当時教頭であったお二方には心から感謝しています。

ひとりの教頭先生は社会科をはじめとする授業に関する向き合い方を教えてくださいました。生徒を惹きつけるための導入の工夫、いかにこれまでの授業との連続性をもたせるか、学習指導要領をどのように読み解いて授業に反映させるかなど、授業づくりの基礎を教えてくださいました。

また、教師としての効率的な時間の使い方をお話ししてくださったことも印象に残っています。「家に帰ったら教師でなく父親。だから学校の仕事は学校で完結させてもち帰らないんだよ」とおっしゃっていたことがいまでも忘れられません。

具体的な時間の使い方を例に出してくださり、一緒に改善策を考えてくださったこともありました。なかなか帰宅できない私を励ましてくれ、そのやさしさにも助けられました。

ご指導を直接いただいたのはたった1年でしたが、私にとってはこの1年がとても貴重でした。自分にとって、社会科の授業づくりや教員としての仕事への向き合い方を教えてくださった先生の姿を目標とすることを誓いました。

もうひとりの教頭先生は3年間、教員としてだけでなく、社会人としての基礎を叩き込んでいただきました。いま思い出すと恥ずかしくなるくらい、ほぼ毎日ご指導くださいました。言葉遣いから服装、書類の管理の仕方や保護者への電話のかけ方など、一つひとつについて、私の誤りを正していただきました。

また、初任者研修においても、校務多忙ななか、誤字脱字から文章の書き方、公文書の書き方のルールや決まり、保存の仕方など、丁寧に手取り足取り教えてくださいました。当時は、「なぜこんなにも細かいのだ」と反発してばかりでした。「なぜ段落の少しのずれやちょっとした言葉の言い回しまでこだわるのだ」と悪態をついてしまったこともあります。しかし、いま振り返ると、細部まで目を配り、体裁をしっかりと整えることの大切さを繰り返し教えてくださったのだと思います。まさに「神は細部に宿る」です。

また、この仕事への向き合い方が、どんな教育活動においても、筋道を綿密に立て、相手に伝わるように確認しながら進め、終えたらまた誤りがないか確認しながら整えるという、仕事の一連の流れを身につけることにつながりました。

ちょっと見ただけで私の誤りを見抜き、何度もやり直しを命じられたことに反発ばかりしていましたが、いまでは感謝しかありません。

この3年間はまさに教員として「生まれ変わった時期」そして「教育公務員」としての自覚が芽生えた時期でした。これまで「肌感覚」で行っていたものを一度再構築して基礎を立て直し、固めることができたことで、いまの自分をつくりあげられました。同時に、職務への責任を自覚し、これまで以上に成長をするための努力を惜しまないで頑張ろうと思いを新たに、少しですが一人前の教員に近づくことができた時期とも言えるでしょう。

## チェンジ&チャレンジ……その繰り返しの日々

「チェンジ&チャレンジ」は、次に赴任した学校の教育目標です。福島県の太平洋沿岸の地域に位置し、全校生徒は40人前後、全部で4クラスという小規模校でした。東日本大震災に伴う原発事故による全町避難を経験した自治体でもあったので、多様な背景をもつ生徒が多くいました。

縁もゆかりもない土地への初めての赴任。自分はこの場所でうまくやっていけるのか。慣れない環境に適応できるのか。咲き始めの桜を見ながらそんな想いを胸に、本当に心細いなかのスタートだったことを覚えています。

そんななか4月、職場内での歓迎会が校内で行われました。そのときの先輩教員からのプレゼンに私は目が奪われました。タブレット端末を駆使し、それまで見たことがないアプリケーションを活用して、私の興味を惹きつける展開に頭を割られるような衝撃を受けました。

これまでiPadを中心にICT（情報通信技術）機器を活用できていたつもりでしたが、その先生のように周りの人を巻き込んで使っていませんでした。足元にも及びません。

その瞬間、「先生のように、ICTを使えるスペシャリストになろう。ICTを使いこなした授業ができるようになる！」と決意しました。その学校では、ICT支援員——ICT機器やPCの仕組みや授業での活用方法について助言をしてくださる専門職——の方が常駐していたので、常にアドバイスを聞きながら授業を組み立てていきました。

また先生の授業のやり方や考え方を日々伺い、ときには見学させてもらいながら学んでいきました。

この時期からコロナ禍を経たオンライン環境の発展により、オンラインのセミナーに参加する環境が生まれました。そういったセミナーに参加したり、そこで出会った方々と連携を深めあったりすることが、より授業に関する知識や手法を磨きあげたりすることにつながりました。

自ら学びたいと能動的に動いた結果、授業のなかでの生徒の反応は変わっていきました。ICT機器を通して、教師からの一方通行ではなく、生徒自身が想像し、発信することができる授業へと変化していきました。

この変化に自分自身、強くやりがいを感じ、ますます授業の面白さにのめり込んでいったように感じます。

前述の先生からは多くのことを学びました。そのなかでも印象に残っているのは、「あらゆる状況を想定しておくこと」の大切さでした。ICTが固まってしまったときの対応策、授業に関わる生徒の想定される動きなど、起こりうる状況の対応を講じたうえで授業をする姿にプロ意識を感じました。さらに、常に最先端の指導法を探し、ときには年下である私に助言を求めるなどする謙虚な姿勢に頭が下がる思いでした。この姿勢はいまも私の目指す理想です。

その先生だけでなく、ほかにもスペシャリストが多く、日々の関わりのなかで、常に新しい気づきや学びの刺激に溢れた環境でした。

ほかにも、東日本大震災からの復興をめざす町の魅力を発信する「起業家教育」や小中学校と自治体・地域の代表者の連携で行う「防災教育」、一流のスポーツ選手などを授業に招く外部講師の活用など、さまざまな特色ある活動がありました。そんな環境のなかで、自分もその先輩教員のように成長しつづけたいと志して、「チェンジ&チャレンジ」の精神で新しいことに積極的に飛び込み、何事も学びと捉え、挑戦を続けました。

うまくいかないことのほうが多かったですが、その分得たものも多くありました。自ら獲得しようと思い、挑戦したときこそ、自分が飛躍的に伸びることができたといま振り返ると強く感じることができます。

また、その背景には挑戦をあたたかく見守ってくださった校長をはじめ、同僚などのすべての人たちの支えがあったと思います。

ともに過ごした生徒たちも素直且つ一所懸命で、何事にも前向きに取り組み、挑戦しつづける姿に勇気をもらいました。起業家教育の一環で一緒に町内の魅力を発信する地図を作ったり、町の物産を売るための施策を考えたり、東京の日本橋で実際に販売体験活動を行ったりした数々の思い出は忘れられません。

この学校は地域との関わりが強いのも特徴でした。起業家教育のなかでは、町内企業と連携した商品開発をしたり、防災教育では、町の防災課の方からの出前授業を受けたり、美術科ではデザインに関する講義を近隣自治体の専門家から受けたりするなど「地域」と一体になって子供を育てる意識が醸成されていました。地域で子供を地域の未来を担う人材に育てるのが、教育であると間違いなく実感しました。

私も市町村対抗駅伝のメンバーの一員として町のチームに参加させていただいてマラソンに挑戦したり、地域のシェアハウスに出入りしてたくさんの方と出会ったりするなど、地域に根ざし、そのコミュニティを楽しむことを日々感じながら生活していました。

この学校での3年間はまさに飛躍の年月でした。

前任校での基礎をもとに、背中を追いかける先輩教員に出会い、学ぶ手本が身近にいる幸運に恵まれたことにより自分を客観的に見つめ、何が必要なのか考え、成長することができたと思います。

また、地域に根差し、地域の人たちと出会い、対話し、学ぶことで視野を広げることができました。地域の未来を担う生徒を育てるために、どんな関わりが教師である自分にできるのか考えることができた、貴重な3年間でした。

## キモは「自分から取りに行く」姿勢

上記の3校、そして現在の土浦日本大学中等教育学校での教員人生を振り返ると、成長できた背景はふたつあります。

ひとつ目は常に尊敬できる先生や追いつきたいと思える先輩の存在があったことです。

教員の成長は徒弟制度のような部分もあります。初任者研修などの法定研修もありますが、模範となる人を見つけ、その人の授業への取り組み姿勢や考え方から積極的に学び取って自分の血や肉とするしかありません。

一般企業のように、体系だった研修制度やＯＪＴ制度――On the Job Trainingの略。実際の業務において、実務経験豊かな上司が若手に知識やスキルを計画的に教えること――はなかなかありません。たとえば私が以前勤めていた銀行では、入行前に2週間程度の研修所に集合して寝泊まりしながら新入社員としての必要な業務に関する講話や研修を受けました。また、職場では教育係のような先輩から日々業務に関するアドバイスやフォローをもらいます。

一方で教員は採用されたその日から学級を運営したり、授業をしたりすることが求められます。これはベテランでも新人でも同じ土俵で戦うということです。

だからこそ、手本となる人を同じ職場内で見つけ、その人の優れたところや参考にしたいところを取り入れようとする姿勢が必要不可欠です。「自分から取りに行く」。この姿勢です。

幸いなことに、私はこれまでのすべての職場でたくさんの尊敬できる先輩教員に出会いました。ここでは書ききれない人たちから学びとり、質問させていただき、ときにはご指導をいただいて成長することができました。

ふたつ目は、「縁」を大切にすることです。「縁起」という言葉は、仏教の用語である「因縁《いんねん》生起《しょうき》」が短くなったものです。すべての現象は、さまざまな原因（因）と条件（縁）が重なり合って生じるという仏教の根本的な考え方です。

そう考えると、すべての先生、そして生徒との出会いはさまざまな原因と条件が重なったうえでの「必然」だったと言えるのではないでしょうか。

それぞれの職場に所属していた期間、同僚の方々からは数多くのことを学ばせていただきました。何気なく日ごろの指導でしている指示や発問、授業の組み立て方、生徒の見取り方など、どれひとつ取っても、自分がはじめからつくりあげたものはまずありません。どんな小さなことであっても、これまで出会った方々の要素をもとに自らアレンジしたり、学び取ったりしたものであると思います。

# 第1章　教師はいま

## 教師の一日

永井 崇

序章で述べてきた教師不足に至った原因のひとつと考えられる「働き方と労働環境」の現状について、考えていきたいと思います。

まず、一般的な中学校の教員の一日のスケジュール例（図表1-1）を見てください。

勤務時間は、8時5分から16時35分までとなっています。中学校の場合、教科担任制――教科ごとに指導する教員が代わる――が基本になっているので、1校時――所謂《いわゆる》1時間目――から6校時まですべて授業が入っているわけではありませんが、授業がびっしりと入っていることがわかります――ちなみに、授業に関してはすべての授業を担任が行うことを基本としている小学校のほうが過密です。

なかには、「休憩」なのに生活指導や係活動――給食後の片付けや係ごとに分かれての集会の準備等――の指導等が入っており、仕事を行っている実態が見られます。遅くとも16時ごろにはすべての授業が終了しますが、授業が終わってから部活動指導があります。部活動指導の時刻は16時過ぎから18時ごろまでとなっており、この時点ですでに勤務時間を超えています。

さらに、部活動指導のあとに、授業準備や教材研究、事務処理、ときに保護者相談対応等を

**図表1-1　教員の一日のスケジュール例**

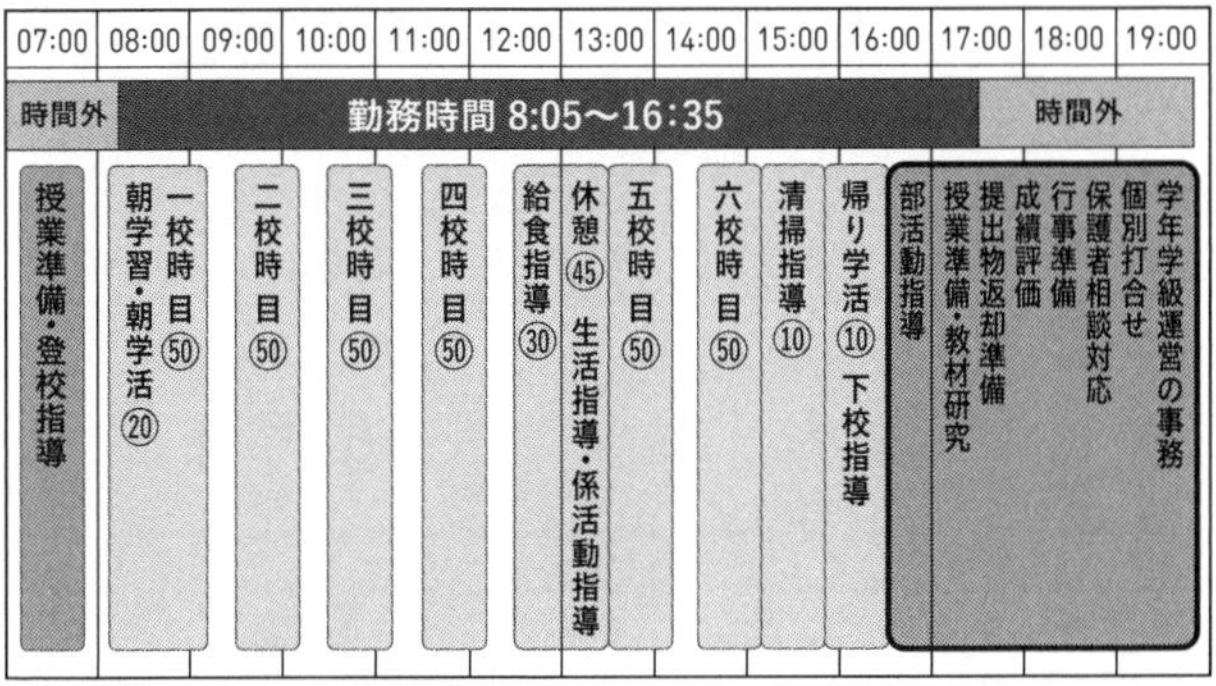


行います。

これらの仕事を終えるのが教員それぞれによって違いはありますが、早くて19時ごろになるようです。すでに時間外勤務時間が2時間半というわけです。このような勤務実態が見られます。

小学校に関しては、とくに高学年を担任する教員においては、1校時から6校時までフルに授業が入っている場合だと、休む時間がほとんどないというのが現状です。

また、小学校の場合、授業の準備や教材研究がすべての教科で必要になるので、準備をするのも大変です。小学校だと授業の準備、中学校だと部活動指導等が勤務時間を超えてしまう原因のひとつになっています。

小学校・中学校も共通で、朝の登校指導というものがあります。図表1－1にもあるように、勤務時間前に位置しています。これは、登校してくる子供たちの安全確保のために、通学路に立って登校の様子を見守ったり、早くに登校して来る子供たちが教室で怪我等の事故や友達とのトラブル等が起きないように担任らが、教室で迎えるというものです。

近年、とくに小学校において、保護者の仕事の都合上、子供を学校に預けて出勤するケースが多く、ひどい場合には教員の勤務時間の1時間も前に子供を預けにくることもあります。

学校によっては、昇降口を開ける時刻を保護者等に伝え、理解を図ったうえでその時刻まで登校を控えてもらうことや、登校しても昇降口の前で待ってもらうという方法をとっているところもあります。

もちろん、待っている際に起きた事故やトラブルについては、子供同士や保護者間で解決することが基本です。しかしながら、学校としては子供のことなので立場上指導しないわけにはいかないので、しっかり対応しているところが多いようです。

雪や雨が降っているときには別の問題があります。昇降口を解錠する時刻前、子供たちを待たせていると、保護者からよくクレームが来ます。「なぜ教室に入れないんだ」というものです。つまりは、「子供たちのためなら、なんでもするのが当然だろう」という言い分なのです。

## 「子供のために」という伝家の宝刀

学校の主役は子供です。また学校は、各教科等での学びや集団での学校生活を通して、生きる力や社会性を身に付けるところです。それを指導・支援するために教員がいます。

つまりは、子供のために、教師がいるのです。それがいつしか「教員は子供のためならなんでもやらなければならない」が教員自らはもちろん、保護者、地域の人たちに根付いた見方や考え方になっています。

たとえば、事故や病気等で入院した場合や生徒指導上の問題が起こった場合等には、誰よりも早く――場合によっては自分の子供を犠牲にしてでも――生徒のところに駆けつけて声を掛けてくれる献身的な先生が「良い先生」となります。そうでない先生は「悪い先生」というわけです。そういう見方が教員や保護者等の間で、正直なところ見られます。これが「子供のためなら」です。

前述したように、「子供のためだから、寒いなか、外で待たせないで早く昇降口を開けなさい」という例は、まさに「子供」という言葉を用いて教員を動かそうとする典型的なケースだと思います。

また、社会の流れも大きく変わりました。多様性という言葉が示すように、多くの意見や考えを尊重し認め、対応することが求められるようになりました。結果として、保護者や地域の人たちからの意見等を受け入れるようになり、それも教員の業務内容の増加につながっていると思います。

教員のなかにも、根強く残る文化があります。それが「勤務時間にとらわれず、子供のためなら常にいついかなるときも馳せ参じます」という「いざ鎌倉」ならぬ「いざ子供のところへ」的な考え方です。

昭和のころにヒットした学園もののドラマ等の影響なのかもしれません。見ていて子供のために突っ走る先生は格好いいですからね。これぞ先生と私も当時は憧れました。

しかし、冷静に考えてみるといかがでしょう。学校の役割のひとつに社会性を育むことがあることは先ほど述べました。社会性という点を踏まえると、たとえば、お店や図書館などでは、開店や開始時刻が来なければ開けてくれないので、外で待つしかありません。待っている人のなかにも、「子供がいるから早く開けてくれ」という無理難題を押しつける人はいません。

それは、みんな決まりを理解していて、場をわきまえているからだと思います。これこそ、子供が社会性あるいは道徳性を育むうえで大切なことのように感じます。

一方、教員が子供の元へ駆けつけるという話ですが、経験を通して思うことは、大きな怪我や病気等で病院に搬送等されたときなどは、多くの場合、その場で子供に会うのは難しく、数日後に面会等に行ったほうが会えるケースが多かったように記憶しています。

また病院の場合には、医師や看護師という専門家がいるので、教員の私はなんの役にも立たなかったというのが本音です。

生徒指導上の問題については警察等が担当になることが多いので、話すことはもちろん近づくことさえできませんでした。

経験を通して感じたことは、専門家や関係機関等に任せることが最適だということです。

もうひとつ「子供のために」という点で気になることがあります。

学校ボランティアについてです。学校にはさまざまなボランティアの方がいらして、子供たちの健やかな成長や学校運営をサポートしてくれています。例を挙げれば「読書・図書」「登下校」「部活動」「ゲストティーチャー」等が主たるものかと思います。

近ごろ、このような方々が集まらないという声を聞くようになりました。行政や学校で、集めようと必死になっていますが、学校によっては難しいところもあるようです。当然と言えば当然だと思います。のちに触れますが、教員の給与と同様に、学校のためならなんでも無料でやってもらえるというこの安易な発想を見直す時期に来ているのだろうと思います。

ボランティアの方も、忙しいなか、手伝いをしてくれているのだし、学校に拘束する時間の長さを考えたら、報酬は必要だと思います。

この考え方も「子供のためなら無料で」という考え方がもとになっています。

学校や子供のためだから、また人が集まらない時代になったから、社会全体で子供たちを支えていこうという考えだということはわかります。だからこそ、「報酬あり」で参加してもらおうという考え方に行政も学校もシフトしないと、学校だけが社会全体から取り残されてしまいそうな気がします。行政はこのことを踏まえ、予算化しておくべきだと思います。

今後ボランティアが集まらず、思った活動ができなくなるというような子供たちの学びに影響を及ぼすことだけは避けなければなりません。

## 仕事の増加

私が小学生だったころは、下校してからよく小学校の校庭で野球やドッジボール等をして夢中で遊びました。そのころは17時には家にいるという学校の決まりがあったので、17時前になると遊びを終えて帰ろうと支度をしていると、先生たちが家路に向かう姿を見かけました。「さようなら」と先生と挨拶を交わした記憶がいまでも鮮明に残っています。ひとりふたりではなく、多くの教員が退勤していきました。

改めて、自分が教員になってみると、なかなかその時刻に退勤するのは難しいのが現状です。かといって、そのころの教員が手を抜いて授業をしていたかというと、むしろ、いまの教員よりも知識等が豊富で、指導等も分かりやすく専門性が高かったような感じがしますし、授業も

図表1-2　小学6年生と中学3年生の総授業時数の変遷

| | 小学6年生 | 中学3年生 |
|---|---|---|
| 昭和22年度 | 1050から1190時間 | 1050から1190時間 |
| 昭和33年度 | 1085時間<br>ここから<br>1単位時間は45分 | 1120を下ってはならない<br>昭和26年から<br>1単位時間は50分 |
| 昭和52年度<br>平成元年 | 1015時間 | 1050時間 |
| 平成元年度 | 1015時間 | 1050時間 |
| 平成10年度 | 945時間 | 980時間 |
| 平成21年度 | 980時間 | 980時間<br>平成23年度以降は<br>1015時間 |
| 平成29年度 | 1015時間 | 1050時間 |

楽しかったと記憶しています。

では、何が違うのか考えてみると、真っ先に思い浮かぶのが授業時数だと思います。ここで、小学６年生と中学３年生の総授業時数を学習指導要領をもとに比べてみます（図表１－２）。

私が小学生だった昭和55年ごろと平成29年ごろを比較すると、時数は変わっていないことがわかります。とすると、ほかに問題があるということになります。

**仕事の増加２**

当時から40年以上も年月が経っているので、学校を取り巻く環境は変わっています。それに伴い、教員の仕事量が増加していることは間違いありません（放射線教育、国

## 図表1-3　教員の業務量の増加および業務の質の困難化

【教諭の勤務日・1日当たりの勤務時間（小中学校平均）】

| | 第1期<br>7月分 | 第2期<br>8月分<br>夏季休業期 | 第3期<br>9月分 | 第4期<br>10月分 | 第5期<br>11月分 | 第4期<br>12月分 |
|---|---|---|---|---|---|---|
| ①児童生徒の指導に直接的にかかわる勤務 | 6時間27分 | 2時間17分 | 7時間06分 | 6時間55分 | 6時間48分 | 6時間25分 |
| ②児童生徒の指導に間接的にかかわる勤務 | 2時間24分 | 1時間23分 | 1時間55分 | 2時間07分 | 2時間00分 | 2時間27分 |
| ③学校の運営にかかわる勤務及びその他の勤務 | 1時間43分 | 4時間24分 | 1時間31分 | 1時間37分 | 1時間48分 | 1時間36分 |
| ④外部対応 | 22分 | 10分 | 06分 | 08分 | 11分 | 16分 |
| 合計 | 10時間58分 | 8時間17分 | 10時間39分 | 10時間48分 | 10時間47分 | 10時間45分 |
| うち、残業時間 | 2時間09分 | 26分 | 1時間56分 | 1時間57分 | 1時間56分 | 1時間53分 |
| 休憩時間 | 09分 | 44分 | 10分 | 07分 | 07分 | 06分 |

【1か月あたりの残業時間】

| | | | | | | |
|---|---|---|---|---|---|---|
| 1日分×20日 | 43時間00分 | 8時間40分 | 38時間40分 | 39時間00分 | 38時間40分 | 37時間40分 |

（文部科学省）

際理解教育等「○○教育」というものが本当に増えました）。

文部科学省の資料をもとに検証してみます。昭和41年度の調査では、年間ベースの1ヶ月あたりの残業時間が8時間（平日・休日問わず）でした。それに対し、平成18年度では残業時間が平日で34時間、休日が8時間でした。58年間で約4・2倍になっていることが分かります。残業時間の大幅な増加は、教員の業務量の増加の現れだといえます。

では、具体的にどのような業務が増加しているのか、考えてみることにします。

真っ先に思い浮かぶのは「いじめ」や「不登校」への対応です。

しかし、ここで疑問に思うことが出て

きます。私たちの少年時代には、いじめや不登校はなかったのかということになるからです。私が思うに普通にあったと思います。

とくにいじめについては、仲間はずれから始まって、悪口や暴言等、さまざまなやり方で行われていました。私も、実際、やったし、やられたしの経験をもっています。

正直、いじめをしても、受けてもとても嫌でしたが、ほとんどのことは先生に言うことはせずに、自分たちで対応から解決までしていたと思います――とくにひどいものは先生に言いつけたこともありました。そのころは先生の権威は強く、「仲直りしなさい」と言われると、それは絶対だったように記憶しています。保護者のほうも先生の言うことは絶対守りなさいという姿勢でした。教師に対する信頼の高さが窺《うかが》えます。

また、自分の両親に話したところで、「あんたのほうに問題があるんじゃないの」や「やられたらやりかえしてこい」というようなことを言われるのが関の山だったと思います。

しかし、いまでは、しっかり（!?）法律も整備され、学校で対応し、解決まで取り組むことになっています。

このこと自体は大変良いことだと思いますが、これが教員の本業である授業に及ぼす影響について、考慮されているかというと、大いに疑問です。

ここで、どれくらいのいじめ重大事態が発生しているのか、文科省が調査し、報告されてい

## 図表1-4　いじめの重大事態

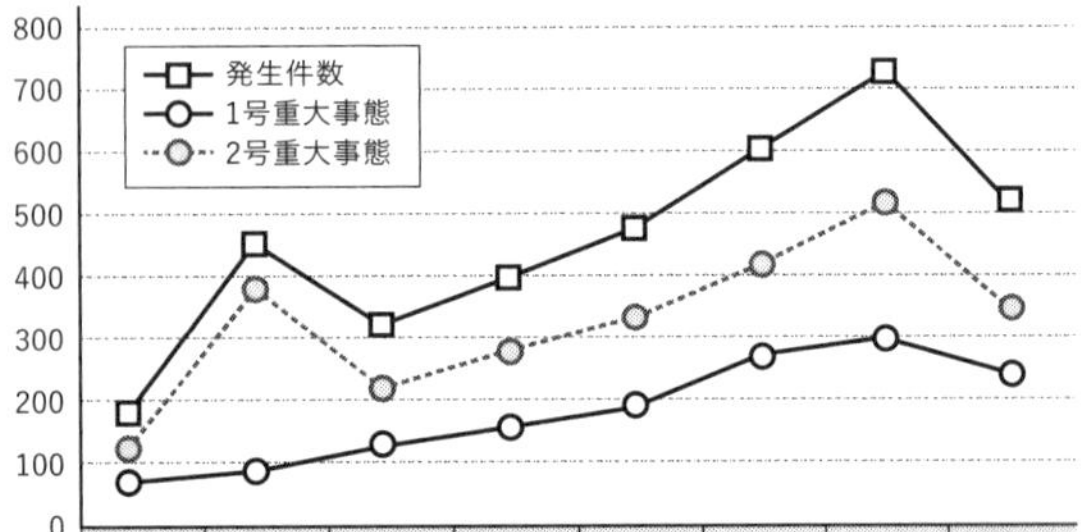


| | H25 | H26 | H27 | H28 | H29 | H30 | R1 | R2 |
|---|---|---|---|---|---|---|---|---|
| **発生件数** | 178 | 449 | 314 | 395 | 474 | 502 | 723 | 517 |
| **1号重大事態** | 76 | 92 | 130 | 161 | 191 | 270 | 301 | 239 |
| **2号重大事態** | 122 | 385 | 219 | 281 | 332 | 420 | 517 | 347 |

1件の重大事態が第1号および第2号の両方に該当する場合は、それぞれの項目に計上されている

（文部科学省）

る結果（図表1－4）を参照してください（ここで扱っているのは重大事態ですので、そこまでいかなかった案件については含まれていません）。

結果を見ると、一目瞭然だと思います。

平成25年と令和2年とを比較しても、発生件数、1号重大事態――いじめにより当該学校に在籍する児童等の生命、心身又は財産に重大な被害が生じた疑いがあると認めるとき――と2号重大事態――いじめにより相当の期間学校を欠席することを余儀なくされている疑いがあると認めるとき――すべてにおいて、およそ3倍に増加していることが分かります。

いじめ解決の基本姿勢は、未然防止、早期発見、早期対応、早期解決というところになると思いますが、初期対応を誤ると、学校と当事者や当事者同士での話がこじれ、解決まで時間がかかる可能

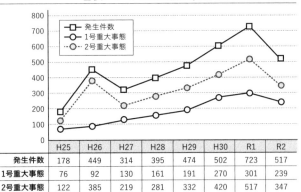

性があります。

とくに裁判まで発展ということになると、当事者が卒業したあとも学校等に対応が迫られるケースもあるので、慎重な対応が求められるところです。

これだけでも、教員の仕事量が増加していることが窺えます。

重大事態にまで至らなかったケースも含めると、かなりの件数に膨らんでいることが予想できると思います。さらに、いじめの解決に向けては、担任だけでの対応では負担が大きく到底無理があります。そのため、管理職を含め、生徒指導等の担当が加わることになります。それを踏まえると、学校の機能自体が麻痺してしまい、ほかのことに手が回らない状況に陥ってしまうことも考えられます。本当に由々しき事態です。

いじめと並んで問題となっているのが「不登校」です。どの市町村においても増加傾向となっており、緊急な対応が迫られています（図表1－5参照）。

最近では、不登校生にオンラインによる授業等を実施したり、課題等に取り組ませたりすることで、出席扱いをしている学校もあるようです。

しかし、不登校になった理由の多くは友達関係や教員との相性等さまざまで、一度不登校になってしまった生徒を学校に復帰させるのはたやすくできるものではありません。

だからこそ、新たな不登校を出さないように生徒の些細な変化を見逃さないことが大切だと

## 図表1-5　小中学校における不登校の状況

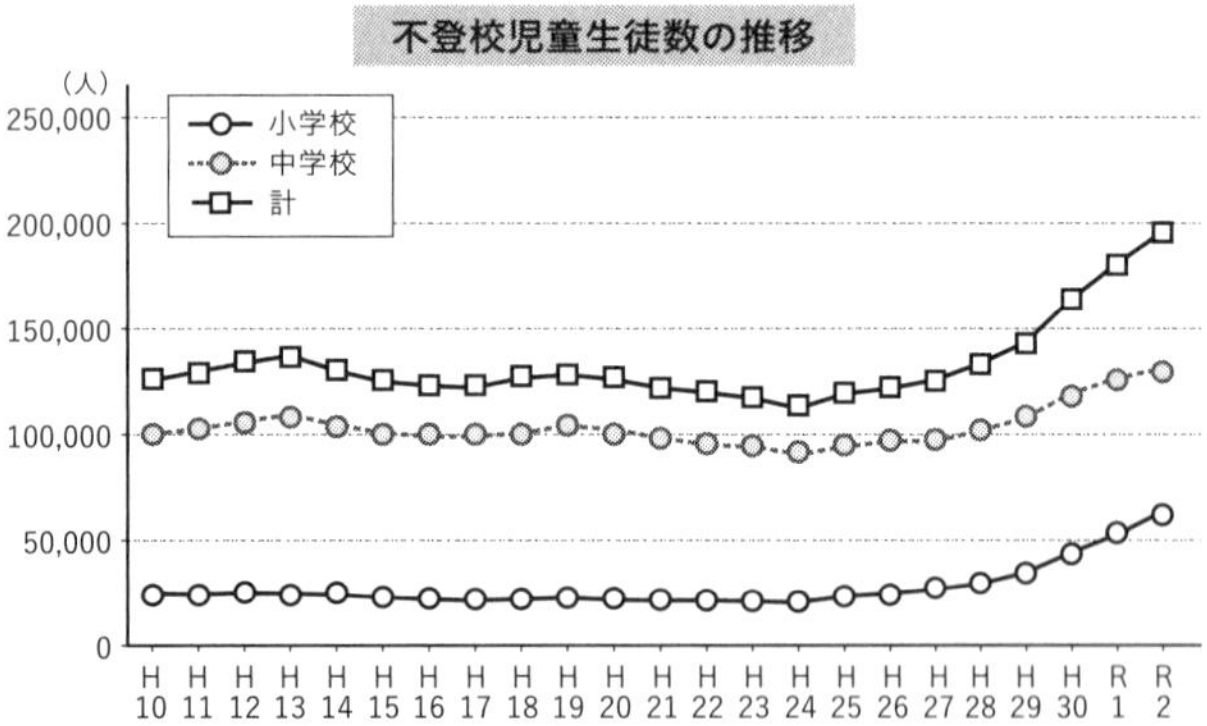


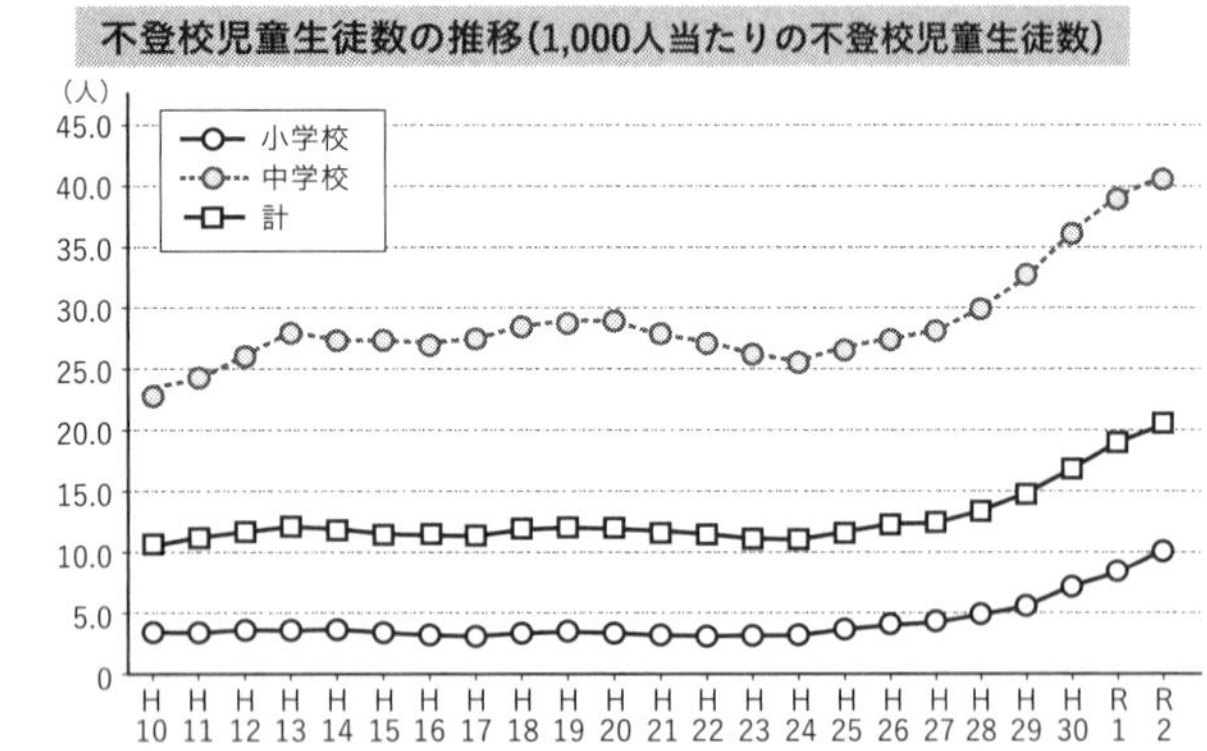


(文部科学省)

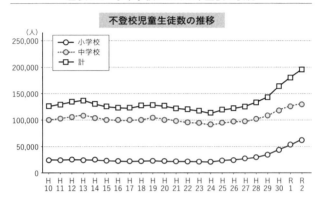

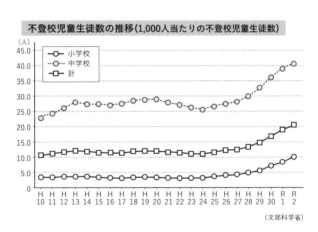

## 図表1-6　小中高等学校における暴力行為の状況

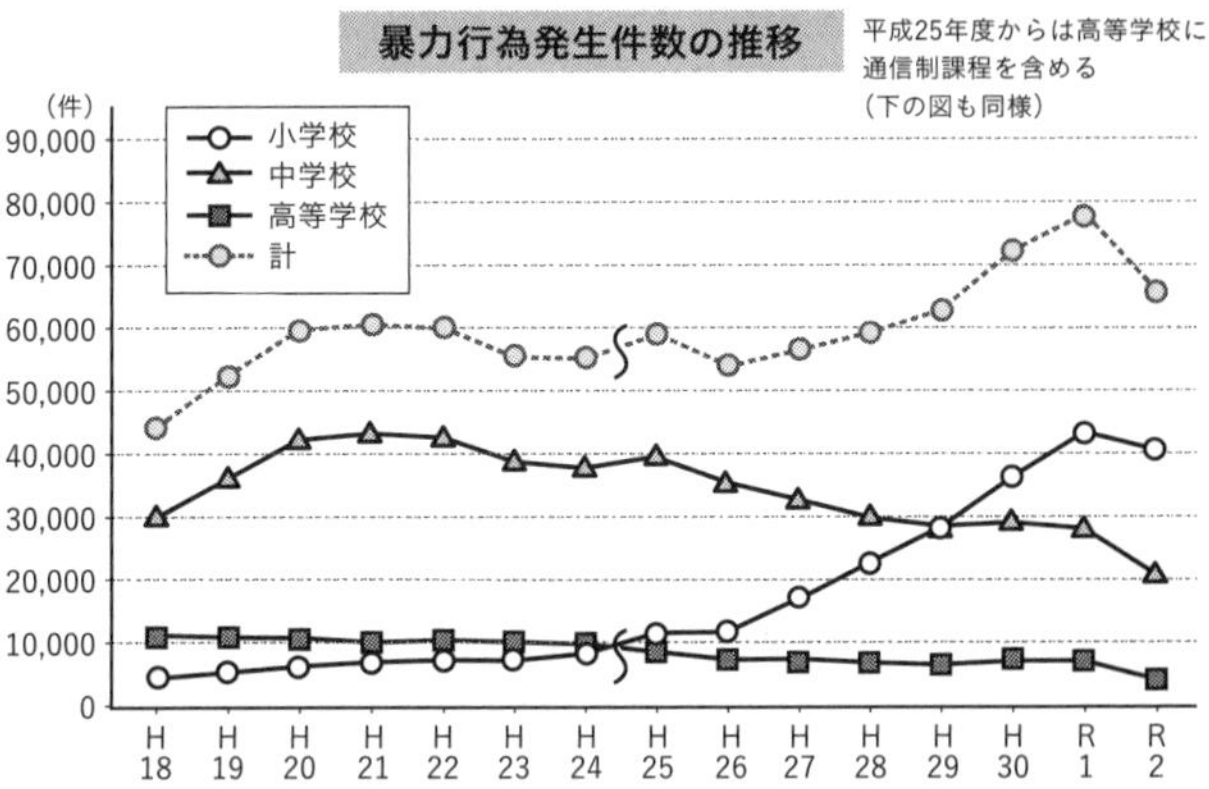


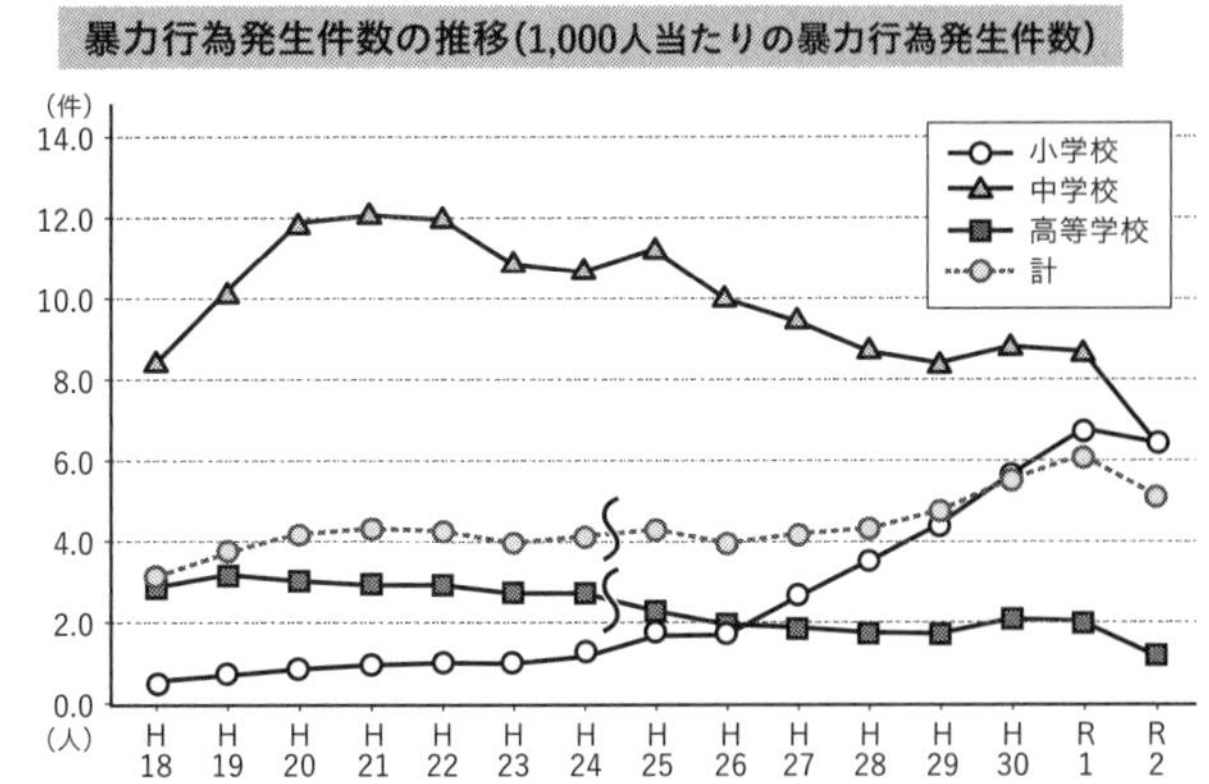


（文部科学省）

思います。とはいえ、いまの教員の業務の状況ではいささか無理があると思います。もっとも、現在は、登校をさせることがすべてではないという考えもあり、学校を含め保護者等も変化してきていると思います。

それでも子供にはしっかりとした資質・能力を身に付けさせる必要はあると思いますし、再び登校できるように支援していく必要はあると思います。決して、私たち教員は諦めてはいけないと思います。

不登校に関しては「学びの多様化学校」――文部科学大臣に指定された学校においては、不登校児童・生徒の実態に配慮した特別な教育課程を編成して、教育を実施することができる制度――が、全国的に少しずつ設置されつつあるので、不登校児童・生徒への学ぶ機会の確保という面では、今後に期待したいところです。

上述したように、いじめ・不登校というだけでも教員の負担になっていると思います。加えて、このほかにも最近では図表1-6を参照していただきたいのですが、生徒による暴力行為ということも挙げられるため、さらなる負担が増すことも考えられます。

## 深刻な教師不足

どの業種においても人口減少による「人手不足」が問題になっています。

最近では、バスやトラックの運転手が不足していることがニュースで取り上げられています。バスの便数の削減や、自動運転化、荷物の配送時間帯の見直し等により、人手不足をカバーする対策がとられているようです。

今後、私たちの生活になんらかの影響が出ることが予想されそうです。こういう対策はきっともっと多業種にも波及すると思います。

教員も例外ではなく、全国で教員不足が叫ばれています。平成22年度の資料（図表１－７）ですが、教員の年齢構成を見てください。20～30代が小・中学校で少ないことが分かります。このまま時代が進むと管理職になる教員が少なくなることが予想されます。ただでさえ、管理職、とくに業務が多く、朝早くから夜遅くまで勤務することを強いられる教頭のなり手が少ないというのに……。

管理職不足と併せて深刻なのは、教員採用試験の倍率です。20年くらい前では、教員になりたくてもなれない高倍率が続きましたが、現在では、全国的にとくに、小学校で約１・２～１・５倍となり、以前よりは合格しやすい時代になりました。

## 図表1-7　公立学校（小中学校）の教員の年齢構成

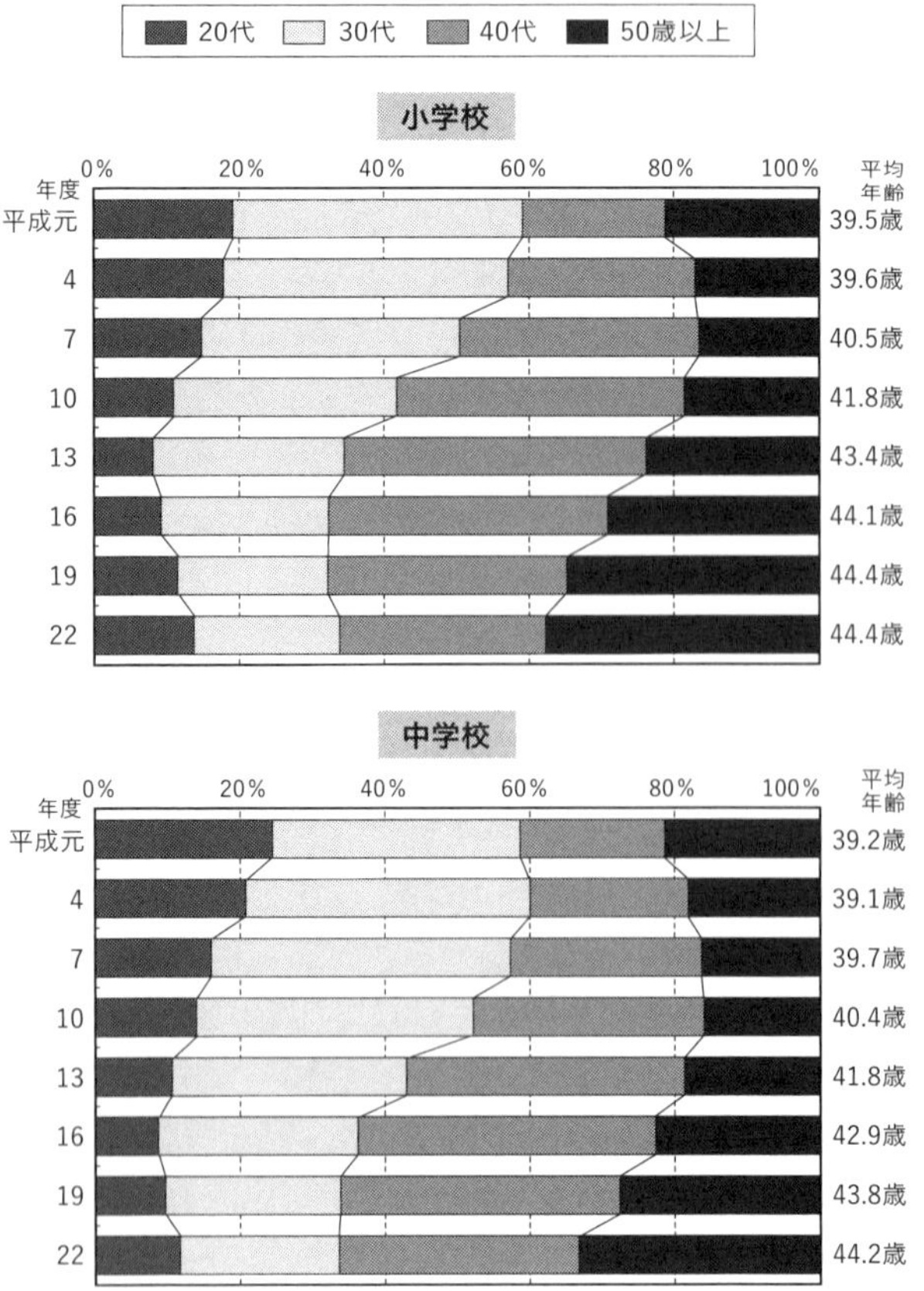


（文部科学省）

## 図表1-8　条件附採用期間における依願退職者の状況

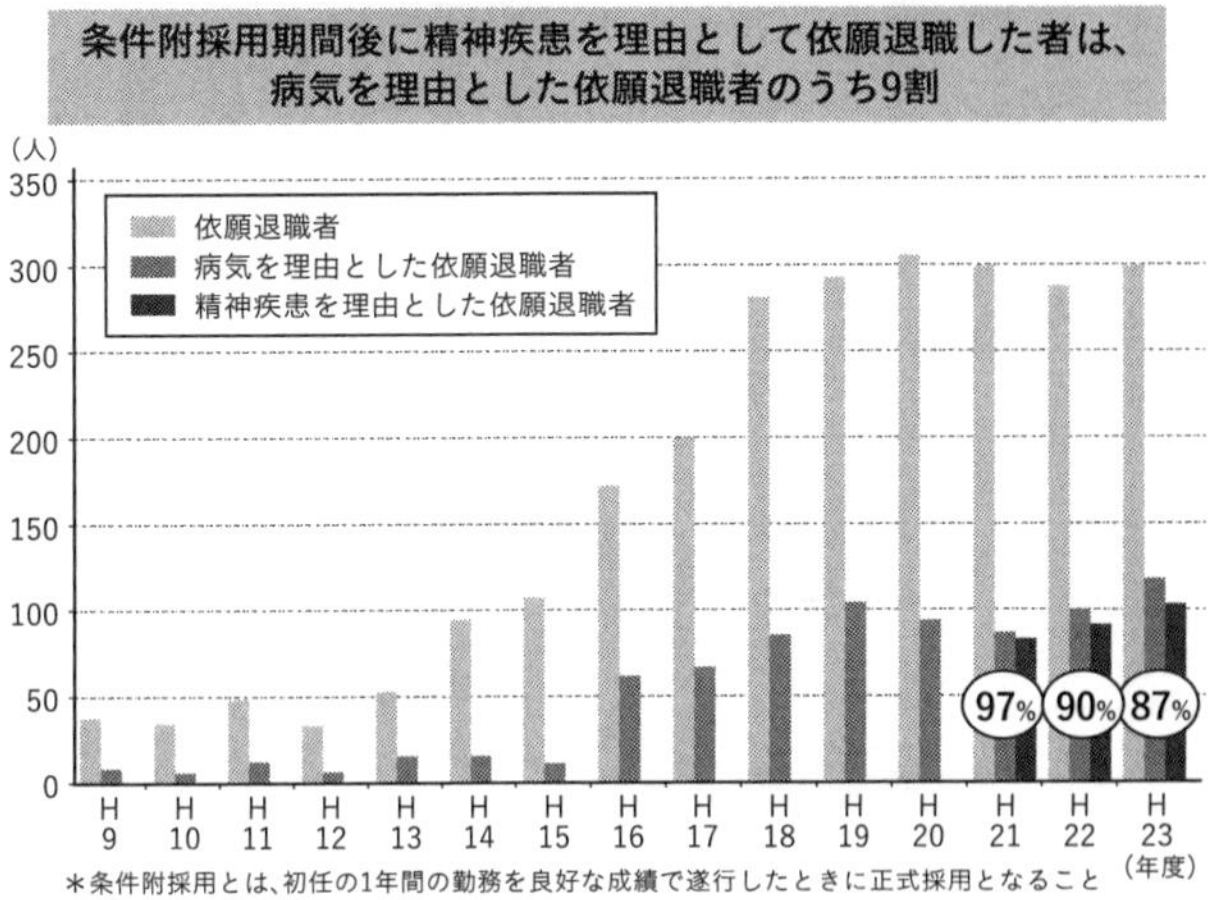


＊条件附採用とは、初任の1年間の勤務を良好な成績で遂行したときに正式採用となること

（文部科学省）

このこと自体は、人手が足りない学校現場のことを考えると、大変喜ばしいことだと思っています。

一方で、違う問題が起こってくることも予想されます。それは、優れた人材を確保できるかということです。教員採用試験の倍率が3倍を切ると適切な人材を確保することができないという説があり、その真偽が気になるところではあります。

実際のところ、教員になりたての所謂「初任者の問題」が起きています。具体的には、仕事に慣れる前に辞めてしまう、即ち離職ということです。図表1－8を参照ください。

平成18年度あたりから病気や精神疾患を理由とした依願退職者が増加しています。

## 図表1-9　教員在職者に占める精神疾患による休職者の割合

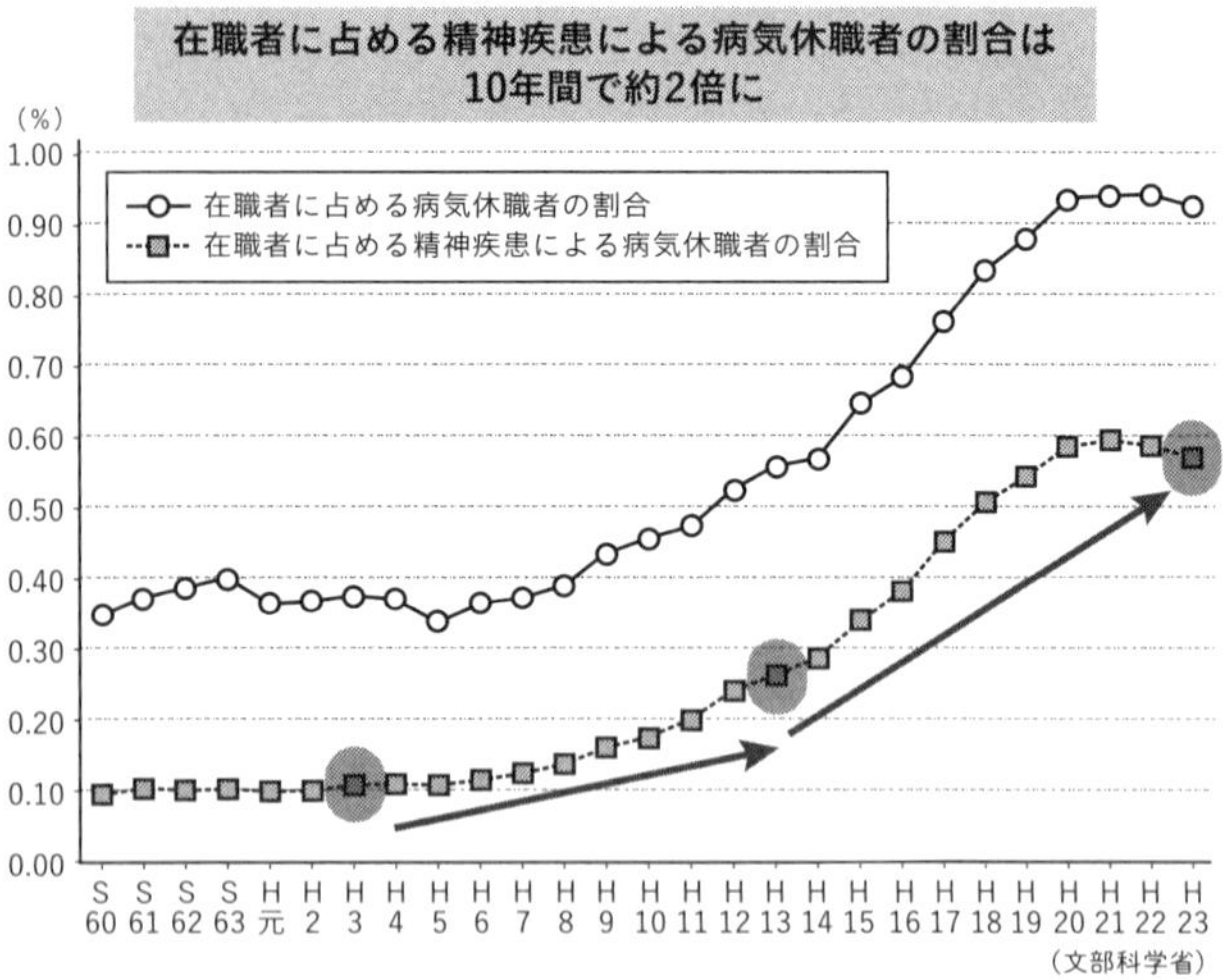


（文部科学省）

とくに精神疾患を理由にした依願退職者が。

教員の多くは自分なりの教師像を描き、採用試験を受け、合格し、教壇に立っています。

しかし、先述したように、現場ではさまざまな問題が起きています。たとえば、子供への学習指導や生徒指導上の問題、多様化する保護者対応、教師同士の関わり等です。これらはある程度は大学等で学んできているとは思いますが、なかには信じられないような理不尽な対応を迫られるケースもあります。そういったことに耐えかね、精神疾患等を患ってしまい、図表1-9のように休職し、志半ばで貴重な人材が退職してしまう場面を立場上何度となく見たり、聞いたりしてきました。とくに、ここ数年は本当に増加しています。

退職の理由はさまざまですが、なかには、教員間の「指導」という名の、先輩教師による後輩教師へのダメ出し等の陰湿ないじめのようなものもあります。それについては校長の管理能力不足といったところも問題視されています。ただでさえ、なり手が不足しているのに、せっかく夢を叶えた教員が離職していく、大変心が痛むところです。

また、最近の傾向として、私が就職したころのように終身雇用という考え方はもうなくなり、より良い職業をめざすという考え方に基づく退職も増加しています。

このような状況から、適切な人材の確保ができていないため、学校現場での必要な人員の配置までに至らず、ひとりあたりの授業もち時数等が増えることでの負担が増加しています。

また、一度病休を取って休職してしまうと、職場に復帰しても、再度休職してしまったり、職場に復帰できずに休職を継続する傾向が見られ、完全復帰には時間がかかるようです。

教員の業務が増加し、負担が増えるのは仕方ないところもあるのですが、それに見合うように上がるべき給料が依然として上がらない。これは定額働かせ放題というよりは〝低額〟働かせ放題だと思っています。この実態も教員不足に拍車をかけている要因のひとつになっていると思いますし、世間からブラックと言われる所以《ゆえん》だと痛切に感じます。

## 働きに見合った給料を

学級担任をしていたときに、ある保護者から、「毎日遅くまで仕事をしているので残業代がたくさんもらえていいですね」と言われたことがあります。そのとき、私たち教員の仕事というものは、外部の方々からは、そのように見られているんだということが分かりました。もちろん、その場では、私たち教員は残業代が出ないことをお伝えしました。

「そうなんですか！」と驚いた表情をしていた保護者がいまでも思い出されます。

私が教員になりたてのころは、バブル経済の影響もあり、決して給料は高くはないものの、さまざまな手当が付きました。たとえば、3月に支給された「年度末手当」、8月には「寒冷地手当」など、学期末や年度末には、ありがたいものでなんらかの手当をいただきました。現在はというと、手当はなくなっています。おまけに定期的に昇級はしているものの、給料は下がっていくという状況です。ただここに来てようやく教員の給料についての議論が行われるようになり、回復の兆しが見え隠れしています。

公務員である以上、給料は税金で賄われているため、社会や経済などの状況等に応じて変動するのは当たり前で、それにはとくに異論はありません。

しかし、強く感じることは、給料が下がるときは、すぐに下がりますが、上がるべきときにはなかなか上がらないということです。加えて、給料の話題になると、教員という職業が邪魔をするのか、なかなか「上げてくれ！」とは口に出しにくい環境があります。教員である以上、その話題を口に出しにくいのです。それはタブーだということを私だけでなく、多くの教員が感じていることだろうと思います。これまでの先輩方からもそのような印象を受けました。だからこそ、給料に関しては加入していませんでしたが、「組合任せ」という他人事《ひとごと》だったことを反省しています。

さらに、給料のことを口に出してこなかった結果が、現在の教員不足の原因のひとつになっていると思うと、責任を強く感じるところもあります。

余談ではありますが、私は息子がふたりいますが、次男に「大学で教員の免許取らないの？」と聞いたことがあります。そのときにすぐさま「取らない」という返事が返ってきました。理由を尋ねると「だってブラックでしょ！」という答えに、何も言えずに返事に詰まってしまったことを思い出します。

教員のことをよく知っている息子が言うのですから、教員を志す若者たちが減少するのもわかるような気がします。しかし、このままでは、未来の日本の根幹となる教育がどのようになってしまうのか、不安しかありません。

## 教員としてのやりがいや魅力について

教員の置かれている現状や課題等について話をしてきました。この項では、私が現在、教育行政で仕事をしているなかで、感じたことを中心に記していきたいと思います。

私が所属している教育委員会では、定期的に働き方実態調査を実施しています。これには、教員の働き方の実態を把握・検証し、今後の教員の働き方をより良くする目的があります。

その調査のなかに、「働きがい」についての質問があります。調査をする月によって変化はありますが、80～85％の教員は「働きがいがある」と回答しています。一方で、10％程度の教員は「働きがいがない」と回答しているのも事実です。

「働きがいがない」と回答している教員の理由についてはいまのところ調査をしていません。ただひとつ理由として考えられることは、教育委員会や学校から「早く帰るように」と言われることに対して、自分がやりたいこと、たとえば部活動の指導や教材研究等ができないことがあるのではないかと思われます。

得意とする分野に力を込めて指導したり、自分の力を伸ばしたいと思っていたりする教員が、やりたいことができずにいることをストレスに感じていることは十分に理解できます。

将来的には、本当の働き方改革とは単に時間外勤務時間を短くすることではなく、一人ひとりに応じた働き方ができるということになってくるのかもしれません。

根本太一郎

## 教員の一日とは？

そもそも、教員がどのような一日を送っているか、皆さんご存知ですか？

小・中・高と「生徒」として学校生活を過ごしてはいても、「教員」としての一日はきっとなかなかイメージできないでしょう。私もそうでした。教職を志して、教職課程の授業を通して教員の一日について見聞きしていたとはいえ、いざ実習を通して教員としての一日を過ごしてみると、驚きや発見の連続でした。

以下に現在の勤務校での生活を中心に、これまでの経験をもとに教員の日ごろの勤務の概要について記してまいります。

## 授業前でもこんなにある〝やるべきこと〟

まずは出勤から。学校の朝は早いです。

私はこれまで勤務したどの学校でも、だいたい7時20分～8時の間に出勤していました――いまはもう少し遅いです。学校教員の始業時間は8時前後と定められています。しかし、私はその前には学校に着くようにしています。ほかの教員も大体そうです。それは生徒たちの登校時間によるものがあります。

学校によっては、生徒たちは7時30分には校門付近に集まってきます。そのため、登校してきた生徒の様子の確認をはじめ、提出物のチェック、その他生徒指導に関することなどを進めます。

また、場合によってはその日に行う授業の準備――たとえばプリント類の出力や授業で使用するプレゼンテーション資料の作成など――をしたり、一日の流れの確認などを行います。

校務分掌――学校における教職員の役割分担を指し、学校運営に関わるすべての仕事（校務）を教職員が分担して処理すること――によっては、行事の運営に関する仕事――たとえば文化祭や体育祭の準備等――も行うこともあります。さらには突発的な生徒からの相談（人間関係の悩みなど）、目の前で起きたトラブル（生徒間の小競《ぜ》り合いなど）の対応等も発生することがあります。何が起きるかは予想がつきません。

登校してからの仕事は多岐にわたり、その日によってさまざまな業務が出てくるのです。ある意味、状況に応じた瞬時の判断が求められる仕事とも言えます。

次に、朝の学活――高校ではホームルーム――を行い、生徒の健康観察や授業・行事、その他必要事項について生徒に伝達します。その日一日、どのような想いで学校生活を過ごしてほしいか担任が講話することも多いです。

私の場合、時期や行事に応じて、どんな一日を過ごしてほしいか、その想いを簡潔に語りかけます。その日の新聞の内容や朝見たニュース、読書で得た気づきや日常生活で感じ取ったことなど、内容はさまざまです。

共通して言えるのは、朝の学活も生徒にとって「学びの場」になってほしいということです。どんな場面であれ、生徒にとって少しでも良い生活や人生につながるきっかけを摑んでほしいと思っています。

## 授業が始まると……

その後は授業です。これまで勤務していた中学校、またいまの学校では一日6時間授業が行われています。そのなかで一日あたり3～4コマ担当します。

専門教科である社会科に加え、道徳、学級活動、総合的な学習の時間をもちます。

私はこれまで多いときは週に25コマ（学年7クラスの社会科を全部担当）ということもありました。つまり、一日の空き時間はひとコマあるかどうかということです。

学校の規模や教職員の配置によって、そのもち授業時数は変動します。現在の勤務校では比較的社会科の教員の数が多いので、週15～16コマ程度です。

空き時間はできれば授業の準備に充てたいところですが、おもに校務分掌の仕事を行うことが多いです。場合によっては管理職や同僚と協力しながら、準備を進めていきます。

また、空き時間は同僚との情報交換にも使われます。朝の学活後や授業と授業の合間などでの生徒とのやり取りのなかで、これまでとは違う変化――体調不良や落ち着かない様子など――を汲み取ったり、生徒指導上のトラブルを聞き取ったりすることもあります。

緊急を要する場合は、授業がない教員同士で集まり、その後の対応について協議する場合もあります。トラブル対応は〝すぐに〟動くことが必要不可欠です。

事務処理や教材研究だけでなく、教員にとって同僚同士で生徒や授業についての情報交換をすることも必要不可欠な仕事と言えますね。

いまの職場では、些細なことでも先輩の教員や学年主任に相談し、指示を仰ぎながら対応を検討しています。何事も「チーム」での対応が大切だからです。

## 昼食のときも気持ちは休まらない

昼は公立学校の場合、給食があります。生徒にとっては待ちに待った時間ですが、教師にとっては大切な業務のひとつです。

給食の時間は、生徒がどの程度食事をとっているか、健康状態に異常はないか、注意して見て回ります。

また、生徒同士の人間関係のなかでこれまでと違った変化が見えないか、さりげなく確認をします。短いことは短いのですが、教員にとって注意や観察が欠かせない時間であると言えます。

また、食育という点でも大切な時間です。たくさんの人の関わりのなかで食事をとることができるありがたみや、「命」をいただくことで食事ができることの尊さについて話をすることもあります。

私は「当たり前に食事ができること」がたくさんの人々の努力によって支えられているということを、生徒たちには日ごろの生活のなかで繰り返し実感してもらいたいと思い、機会あるごとに説いていいます。

もちろん、私にも楽しみな時間ではあります。ある学校では、同じ敷地内の給食室で調理をしていたので、熱々の美味しい給食をいただくことができました。栄養士さんや調理士さんの工夫が凝らされた給食を味わうことが一日のなかで大切な息抜きでした。

生徒がたまに教員の給食を多めによそってくれるときもあります（笑）。

とはいっても、校務が立て込んでいるときは、なるべく早く食事を済ませ、午前中の残務処理――プリントやノートチェック等――や午後の授業準備をする場合もあります。

食事後はもちろん片付けや給食に関する委員会活動を見守ります。現在の勤務校では基本的に教員は給食ではなく、弁当を持参したり、食堂のような場所——本校ではカフェテリアと呼ばれています——で購入したものを食べたりします。とはいえ、私は極力教室等で生徒と一緒に過ごすように心がけています。

昼食のあとは昼休みです。

給食の時間を「休憩」とする学校が多いですが、その時間に教員が職員室でゆっくりお茶を飲むことはなかなかできません。

午後の授業準備や委員会活動——たとえば給食の片付けなど、日によっては行事の準備、生徒指導に関する問題が発生した場合は短い時間でも面談の場を設けて情報収集に努めます。

先述のように私は昼休みを生徒とともに過ごすようにしています。他愛もない会話を広げたりする時間は、とてもかけがえがないと感じています。生徒と会話をぼんやりと楽しむこと。これも「休憩」と捉えればそうかもしれませんね。

## 授業が終わると……

午後の授業を終えたら清掃です。担当する教室や特別教室——理科室や図書室等——が学級ごとに割り振られ、教師はそれぞれの指導につきます。適切に清掃がなされているか、丁寧に取り組んでいるかなど、教師が生徒の動きを観察し、適宜声をかけていきます。

私の場合、掃除をしながら、できる限り生徒と一緒に教室の環境美化に努めています。

一日の締めくくりは帰りの学活です。次の日の授業のもち物や宿題や課題の確認、下校時の留意点などを伝えます。

ここでももちろん「学び」があります。それを明確にするため、その日の生徒の頑張りを労《ねぎら》ったり、模範となる行動をした生徒を価値づけたりします。たとえば、清掃や給食のあと片付けを一生懸命頑張った生徒を紹介したり、授業での積極的な発表の姿勢を褒めたりします。

クラス全体に紹介することでその生徒の自己肯定感の高まりをめざすとともに、集団としてより良い行動をめざしてほしいという思いがあります。

または、その日の反省点を提示したうえで、明日以降の全体的な改善を促すこともあります。

朝・帰りの学活で大切にしていることは、日々の生活への「見通し」をもたせることです。

学習指導要領――全国どこの学校でも一定の水準が保てるよう、文部科学省が定めている教育課程（カリキュラム）の基準――を中心に近年提唱されている、「主体的な態度」を子供たちに養わせるためには、授業だけでなく、教育活動全般での「学び」や「気づき」が重要だと、私は考えています。

そのため、朝・帰りの学活も大切だと認識しております。生徒たちには自らの学校生活そのものを学びと捉え、その学びの状況を把握し、自己調整しながら成長をめざしてほしいものです。最終目標は「自律」できるようになることです。

具体的には、自ら進んで授業の理解度を確認したり、委員会活動での取り組む態度など、さまざまな側面から自己を見つめ、評価し、それを改善につなげてほしいと考えています。そして、日々の生活のなかで学びの見通しをもち、自己成長を図ってほしいです。

## 放課後も仕事は山積

そのあとは放課後の活動です。

部活動や状況に応じて委員会活動や行事の準備を行う場合もあります。

いまは国の指針が変わり、中学校の場合、平日は2時間程度、休日は4時間程度までに部活動の活動時間が制限されているので、それに則って行います。

部活動を終えたら18時過ぎとなり、生徒は下校しはじめます。

その後、教員は校務分掌に関する仕事をしたり、授業準備を再開したりします。これらの業務が終わるのが大体18時30分から19時30分といったところです。これが教員の通常の一日です。

これまで勤務していた公立中学校では時期によって生徒の下校時刻が早まったりしていましたが——夏は18時30分完全下校、冬は17時30分など——一般的な中学校教員はこのくらいの時間に帰路に着くことが多いと思います。

近年では働き方改革の影響で週に一度の早帰りが設定される学校も増えてきました。少しでも早く帰り、体を休めたり、余暇に充てたりする時間が増えてくるといいなと思います。

## 教員がその日一日で求められること

ここまで教員の一日の様子について私自身の勤務経験をもとに記しました。記述していて改めて実感したことは、「教員の日常は、ルーティーンのなかに突発的なことが起き、それに対して適切な対応が求められる」ということです。

基本的に、教員の仕事には決まったことを繰り返す側面があります。一日の流れは先に述べたような感じで、基本的には大きな変化はありません。流れに乗って、一つひとつを丁寧に遂行することが求められます。

とはいえ、授業では毎回指導する内容は異なりますし、そのときの生徒の反応や教材、発問などさまざまな要因によって、授業は変化します。授業で扱う題材が同じものであっても、授業自体が完全に同じになることはありません。

生徒指導も同様です。生徒というひとりの生身の人間が相手である以上、何が起きるかは予測できません。そういう意味で、教員の仕事にはその場での瞬時の判断・対応が求められると言えるでしょう。

臨機応変な対応力が求められはしますが、完全に「同じ」という状況がない点で、変化に富んだやりがいに満ちた仕事であるとも言えます。

生徒たちや取り巻く環境は常に変化し続けます。

また、中学生や高校生は思春期という多感な時期にあるからこそ、急激な成長が訪れます。多感な時期を過ごすなかでの軋轢《あつれき》や悩みを乗り越えた先の生徒の成長を、伴走しながら分かち合うことができることに、私は日々喜びを感じています。

とはいえ毎日が目まぐるしく、息をつく暇もないことも事実です。

たとえば朝はその日の準備でギリギリまで追われますし、授業がない時間帯は教材研究や校務に関する仕事を常に行っています。

また、昼休みというまとまった休憩はあまりなく、毎日が給食指導や委員会活動、さらには生徒指導対応で終わります。

放課後は帰りの学活後すぐに部活動や委員会活動が始まり、何もない場合でも、日中に終えることができなかった事務処理を行います。場合によっては家庭訪問を行うこともあります。

日没のことを気にかける余裕はありません。

日々のやるべきことに追われ、最も注力しなければならない授業についての研究や学級経営（学級に関する経営方針）について考える時間を取ることがあと回しになることも多々あります。

さらには、時代の変化によって、「○○教育」とつく新しいことの導入も進んでいます。そのための勉強も常に欠かせません。

具体的にはICT、食育、キャリア、主権者、金融経済、プログラミング、国際理解など……。じつにいろいろな種類があります。正直、これ以上増やさないでほしい！　という想いもあることは事実です。実際、現場は疲弊しています。

我々教員に最も必要なのは時間的・精神的な「ゆとり」です。ゆとりをもつことで余裕が生まれ、生徒への指導やその手立てが充実します。さらには教員自身の人生を豊かにすることにもつながると私は考えます。

以上が教員の一日の概要です。皆さんにとって驚きはあったでしょうか。

## 部活動の意義

昨今、教員の働き方改革のなかで部活動が例に出されることが多くあります。教育現場における部活動にはどういう意義があるのでしょうか。自身の体験をもとにさまざまな視点から見つめ直してみようと思います。

『中学校学習指導要領　総則編』（文部科学省　２０１８年）によると、部活動を以下のように捉えています。

教育課程の改善と学校評価、教育課程外の活動との連携等　ウ　教育課程外の学校教育活動と教育課程の関連が図られるように留意するものとする。特に、生徒の自主的、自発的な参加により行われる部活動については、スポーツや文化、科学等に親しませ、学習意欲の向上や責任感、連帯感の涵養等、学校教育が目指す資質・能力の育成に資するものであり、学校教育の一環として、教育課程との関連が図られるよう留意すること。その際、学校や地域の実態に応じ地域の人々の協力、社会教育施設や社会教育関係団体等の各種団体との連携などの運営上の工夫を行い、持続可能な運営体制が整えられるようにするものとする。

これによると、あくまで生徒の自主的、自発的な参加によって運営される部活動を学校教育の一環として行っていると定義できます。現場ではどう部活動を運営し、取り組んでいるのでしょうか。私の経験をもとに、おもに中学校の様子を紹介します。

まず、年度はじめの職員会議で、自分がどの部の顧問に割り振られるか発表されます。内々に前年度に希望が取られ、それが反映される場合もあります。これまで勤務してきた学校で、部活動が割り振られない教員はおりませんでした。

近年、「顧問許否」という動きもあります。ただ、都市部はわかりませんが私の知るところでは、実際に行った人がいると聞いたことはありません。

基本的に全員顧問制――すべての教職員がなんらかの部活動の顧問を担当すること――が取られていました。4月1週目の入学式後においては、どの学校でも「対面式」というような形で新入生を対象とした部活動紹介の場がもたれていました。入部届が担任を通じて配布され、4月末に行われる各部活動の結成会議――オリエンテーションのようなもの――で組織編成が行われます。学校によっては全校生がなんらかの部活動に入部することが義務付けられていたり、未加入も許可されたりとその形は学校によってさまざまでした。5月・6月ごろからは運動部の地区大会が始まります。授業が部活動優先となり、授業時間の短縮が行われる学校もありました。また、大会期間中は特別時間割が組まれる場合もあります。その場合、土日も大会に向けた練習試合が組まれ、学校全体として大会に向けて雰囲気でいっぱいになります。

生徒も教員も本業は授業であるはずなのに、優先順位が変わることに違和感を覚えたこともありました。

私の場合、中学・高校と野球部に所属していました。そのため部活動指導をすることは中学校教員として誰もが従事する職務だと思っていました。しかし、次に述べる状況から負担に感じることも増えてきました。

## ①専門外のスポーツを指導する難しさ

私は、現在の勤務校を含め、四つの学校を経験してきました。うち2校（初任校とその次の赴任先）では、未経験のスポーツの指導を任せられました。ここでは初任校でのエピソードを紹介します。

一番に始めたことは一からそのスポーツを覚えることです。まずはルールです。指導に関する教則本的なものは書店に行くと多く並んでいます。そういった本を何冊か購入し、読みながら「指導」しました。

また、プレーしてみないとわからないので、生徒と一緒にプレーしてみて、学びとりながらアドバイスをしました。

とはいっても生徒は実際に試合に出ているので、私よりも知識や経験が豊富です。最初はなんの役にも立てないという虚無感でいっぱいでした。一部の生徒から、「先生の指導は受けたくない」と言われたこともありました。ほかの生徒を通じて理由について探ったところ、その生徒は、「経験のない先生からアドバイスを受けたくない」という考えをもっていたようでした。

自分としては精一杯アドバイスをしていたつもりでした。しかし、だいぶ的外れなことを言っていたり、生徒の現状に合っていないことを言ってしまったりと当時は反省しました。同時に、生徒に寄り添いながら専門外のスポーツを一から教えることの難しさに直面しました。

部活動は拘束時間も長く、指導がうまくいかないという葛藤を抱えながら過ごすことは精神的な重荷で、部活動の時間を憂鬱に思えることも少なくありませんでした。

一方で、乗り越えることができたのは生徒のお蔭でした。未経験であってもグラウンドに顔を出すと、「一緒にやりましょう」「審判してくださいよ」などと声を掛けてくれました。

そのとき、自分の居場所はここにあるのだと改めて実感しました。この子たちのためになんとか頑張らなくてはと心を奮い立たせたことをいまでも思い出します。

それからは少しずつルールを覚えたり、YouTubeなどに上がっている動画資料を参考にしながら指導のポイントを押さえたりしながら、探り探りで生徒たちの指導に当たりました。

また、「指導者」という立場にこだわるのではなく、対等な関係性を心がけました。プレーについて生徒から教えてもらったり、アドバイスをもらったりしながら一緒に時間を過ごしていくことで指導のポイントを発見していきました。まさに日々が学びの連続でした。

やはり、教師と生徒という上下があるような関係ではなく、ひとりの人間として対等に向き合って過ごすことが大切だと、この当時の生徒たちは教えてくれました。

その後、ともに過ごす時間が多くなるにつれて、少しずつですが部員たちとの絆が生まれていきました。大会を通じて少しずつ成長したり、それをもとに練習したりすることを繰り返していくなかで、「県大会優勝」を目標に日々の練習に取り組みました。そのころには放課後、顔を合わせるのが楽しみになっていたことを思い出します。

とくに、3年間部活動を通して過ごした部員たちの卒業式の様子は忘れられません。卒業式終了後、いつも練習していた校庭に移動し、花束と寄せ書きをもらったあと、私への「感謝の気持ち」を円になって大声で部員が伝えてくれました。

その瞬間、これまでの悩みや苦労、喜びや感動が一瞬で駆け巡り、涙が止まりませんでした。コロナ禍で大会の中止や練習の削減が繰り返された代であったため、彼らの苦悩を身近で感じていました。そういった背景を思い浮かべるとより一層込み上げてくるものがありました。感謝の気持ちを伝えるにも、涙が溢れてしまい、浮かんできた思いをたどたどしく伝えることが精一杯でした。

ほかにも、うまくできなかったプレーができるようになった瞬間、一緒に考えた作戦がはまって勝ったとき、同じ課題をクリアするために一緒に悩んだこと、コロナ禍で思うような練習ができなくなったり、大会がなくなってしまったときに虚無感を覚えたりしたことなど、思い出は数多くあります。

専門外という指導の困難さから、逃げ出したいと思うことはたくさんありました。そんななかでも支えになったのは目の前の生徒たちでした。それは、そのあとの学校でも同様です。目の前の生徒から「学ぶ」こと。「対等」な立場で「伴走者」として歩んでいくことを心がけること。それが何よりも大切であると思います。

## ②時間外労働の多さ

勤務時間は朝8時から夕方の16時30分がおおよその学校の標準です。さて、部活動を行うとしたら労働時間はどうなるでしょうか。知人や私の体験をもとにした事例を紹介します。実際の勤務の流れをイメージしながらお読みください。

通常、中学校では6時間授業です。大体終えるのが15時30分ごろ。そこから清掃、帰りの学活を終えると16時前後です。18時30分完全下校のため、部活動の時間は2時間程度です。本来ですと勤務時間はすでに超えています。

そのあとは、下校指導――いわゆる下校時の安全確認――が始まります。生徒たちの送迎の車が学校付近の公道に並んだりするので、その誘導をします。さらには生徒が適切に交通ルールを守って通行しているか、見守ったりもします。場合によっては安全確認のため、通学路を我々のクルマで見て回ったりすることもあります。

これらを終えて職員室に戻ると、すでに19時を回っています。ここからが残務処理の時間です。欠席者への連絡――1軒1軒家庭に電話をかけます。場合によっては折り返しを待ちます――次の日の授業準備、生徒指導が起きた場合はその記録や報告、その他校務や行事に関する仕事や年次に応じた研修に関することなど……やることは山積みです。

一日を終えて体力がすり減った状況でのこの仕事量は、心身ともにダメージが大きいものです。これをある程度終えて帰宅できるのは――または諦めて帰宅するのは――20時過ぎです。これに忙しい時期が重なると、21時、22時……となることもありました。家に帰っても、終わらなかった教材研究を行うこともあります。日付が変わっても次の日の準備が終わらないことは結構あります。

授業が一日あたり3~5コマあるので、それぞれの分の準備にも追われます。朝早く起きて準備することもありました。

このような平日を終え、週末も部活動はあります。朝7、8時ごろから13時ごろまで練習です。顧問には監督し、安全を確保する義務があるので、もち場を離れることはなかなかできません。練習試合等が入った場合は、より早い時間から会場の準備や片付けが必要となり、一日がかりになることは珍しくありません。遠い会場での試合だと、朝5時台に家を出ることもありました。

また、必然的に帰宅が夜遅くなることもしばしばです。大会となると、土日両方、さらには

３連休すべて大会で拘束されることもあります。５月のゴールデンウィークなど半分以上は部活動の予定が入っていました。これは夏休みや冬休みといった長期休暇中であっても同様で、大会が近くなると土日は部活動優先です。年によっては新年最初の土日が大会となって家を空けることもあります。正月なのに……と複雑な気持ちでした。

上記のように、平日は２時間程度が毎日、休日も通常は土日片方の午前中、大会や練習試合だと全日勤務です。総労働時間は凄いことになってきます。平日の部活動だけでも時間外労働が月に40時間は発生しています。部活動の影響であとまわしになった事務処理や授業準備も含めると、相当な時間です。ここまでくると家庭での教材研究も含め、仕事と日常の境界線もつけられなくなってきます。

「公立の義務教育諸学校等の教育職員の給与等に関する特別措置法（昭和46年法律第77号）」（給特法）により、教職員調整額が月あたり給料月額の４％発生するとはいえ、時間外労働に対する手当（残業手当）は出ません。

私は教員になる前に一般企業に勤めていましたが、そのときは1分単位で手当が発生しました。労働には必要な対価を支払う。これは当然のことではないでしょうか。

一方では、教員の働き方や仕事の特性上、容易に一般企業と同様の時間外手当について当てはめることができないことは認識しています。

近年では、「運動部活動の在り方に関する総合的なガイドライン」（スポーツ庁２０２０年）によると、次のような方針が示されました。

---

学期中は、週当たり2日以上の休養日を設ける。（平日は少なくとも1日、土曜日及び日曜日（以下「週末」という。）は少なくとも1日以上を休養日とする。週末に大会参加等で活動した場合には、休養日を他の日に振り替える。）

○長期休業中の休養日の設定は、学期中に準じた扱いを行う。また、生徒が十分な休養を取ることができるとともに、運動部活動以外にも多様な活動を行うことができるよう、ある程度長期の休養期間（オフシーズン）を設ける。

○1日の活動時間は、長くとも平日では2時間程度、学校の休業日（学期中の週末を含む）は3時間程度とし、できるだけ短時間に、合理的でかつ効率的・効果的な活動を行う。

---

これによって、現場の教員の負担も少しずつ改善してきたと思います。自分自身も年々、部活動による時間外労働が軽減されてきたように感じます。しかし、持続可能な働き方という点では、まだまだ改善点があるように思います。教師を目指す後進の育成のためにも、そして現

場で働く教員のさらなる負担軽減のためにも、より良い部活動運営のあり方を見直す岐路となっているのはないでしょうか。

### ③金銭的負担の大きさ

「なんで教員ってそんなに仕事のものを自分のお金で買うの？」

これは一般企業で働く妻から、結婚当初に言われた言葉です。私も、社会人を一般企業で始めたこともあり、その違和感は長らく覚えていましたが、口に出せないままでいました。このひと言を言われてから、改めて教員の特異性について感じています。

とくに、その一面が強いのが部活動であると私は感じます。一般的に、土日の部活動に出勤する場合、部活動指導手当——自治体によっては特殊勤務手当——という形で、指導に当たった時間に対して金額が定められています。

しかし、これは1時間あたりに換算すると、最低賃金を下回っているケースがほとんどです。これに加えて、以下に記す金銭的な負担もあります。これだと〝持ち出し〟になり、土日の部活動での勤務の手当がほぼ残らない場合もあります。それを踏まえてお読みいただきたいです。

ここで私の経験や知人の体験を踏まえた〝持ち出し〟の具体例を挙げます。すべてが私の経験に基づいたものではないことをご承知の上、お読みください。

まずは、指導に際しての準備についてです。私が部活動指導を始める際、顧問として割り振られた競技に必要な個人用の道具一式を購入する必要が出てきます。それはすべて自己負担です。たとえば、シューズ（競技によってさらに異なります）やラケット、グローブ、練習着など……。「すべて揃える必要性はないのでは？」という意見もあって当然です。しかし、現場では「若い教師は生徒と汗を流してともに成長するべき」という意見が主です。いまだにこの風潮が根強く教育界にはあります。そのため、生徒と一緒にプレーしながら指導をすることが求められます。

私はこの意見に反対というわけではありません。むしろ賛成です。同じ時間を共有して一緒に苦楽をともに過ごすことで、一体感が生まれ、その過程で生まれる感動を味わうことができると考えます。また、実際にプレーしてみることで、その競技のことを理解し、実体験が伴った指導になり、指導に説得力が増すと思います。

しかし、これはあくまで「仕事」です。「ボランティア」ではありません。仕事に必要な道具類は「経費」として計上するのが一般的な考え方ではないのでしょうか。顧問を始めるための、必要最低限の準備に関して、金銭的な保障が必要だと思うのは、私だけでしょうか。

部活動に関する交通費も自腹です。たとえば、競技によっては土日に練習試合を多く組んでいきます。私もよく遠方の中学校や近隣の自治体で行われる複数校集まる合同練習会に参加しました。そのなかでたくさんの教員と交流したり、さまざまな指導法について情報交換させていただいたりしたことは自分の財産となっています。

しかし一方で、その交通費は自腹が前提でした。片道1時間近くかけて会場に向かい、往復で50～60㎞運転することもしょっちゅうです。その移動距離に比例したガソリン代ももちろんかかります。最高で、片道１００㎞以上の道のりを向かったこともありました。高速道路を使ってしまうと、余計にお金がかかってしまうので、国道を延々と運転せざるを得ません。

なぜ「仕事」として行う部活動の交通費が自己負担なのでしょう。現場では当たり前の話になっていますが、疑問を感じざるを得ません。

さらには、大会に参加する際にも費用が発生することがありました。生徒と同様に、指導者も競技団体に毎年登録する必要が生じることが競技によってはあります。その登録費用も自腹です。このお金を支払わないと指導者としてのライセンスが発行されず、大会のベンチに入ることができません。なぜ、「校務」として行うことに対して自腹を切らなければいけないのか、疑問を感じました。それも安い金額ではありません。

さらには、大会を運営するにあたり、審判を務める場合もあります。その際の審判着の着用も義務のケースがあります。

このときに使う審判に関する用具一式も教師の自腹です。ひと通り揃えると何万円単位になることも当たり前にあります。自ら手配したり、各種競技連盟がつながっているスポーツ店から買ったりするケース等、さまざまです。

部活動についての金銭的負担について紹介しました。このように、一般社会では当たり前の感覚が、教育現場にはありません。

「教育＝聖職」という古い価値観から、自己犠牲を払って教育活動に従事することを美徳とするものがいまだにあるのかもしれません。もちろん、最低限の出費はやむを得ない部分もあると思います。自分も、自ら競技についての理解を深めたり、研鑽を重ねるための「対価」として支払ったりすることは必要だと思っています。実際、必要だと納得したものについては、自分で買い揃えました。

しかし、実社会において支給されて当然のことを教育界の常識として旧来のままにしておくことは、いかがなものでしょう。一般社会との価値観の「ズレ」を正し、労働への適切な対価が支払われてほしいと切に願います。

以上が、現在の部活動に関する実態です。実情や負担に感じることをありのままに述べさせていただきました。このままでは、部活動は持続可能なものだとはとても思えません。働き方改革の視点から、第5章において、教育活動全般に関する環境改善に向けての意見を述べさせていただきたいと思います。

## 長期休業とは

教員の長期休みと聞いて、どんなイメージをもちますか？

「先生って生徒が休んでいる間は教員も休めるの？」「先生って休みのときって何をしているの？」

教職以外の職種に勤めている知人からよく聞かれます。思っている以上に、教員の「長期休業の過ごし方」はイメージが湧かないようです。

そこで、以下にて教員の長期休みの実態（おもに中学校・高等学校）について、公立学校や現在の勤務校での夏休みの過ごし方を中心にお伝えできたらと思います。

そもそも、どんな一日を過ごしているのか、紹介します。朝の出勤時間は普段と同じ時間ではありますが、学級の仕事が発生しないので、通常より少しだけ遅く出勤しています。

8時前後には出勤し、部活動に備えます。

午前中の部活動を終えたら基本的に自由時間です。昼ご飯をとったらあとは事務処理の時間です。

また、夏休み明け以降、余裕をもって過ごすためにも、授業づくりや定期テストづくりを進めたりします。ここで行うほかの具体的な内容については後述します。

午後は休暇を取って早めに帰宅する教員も多いです。決められた勤務時間内には皆ほぼ帰宅します。およそ17時前には帰路に着きます。「明るいうちに帰れる」と、日ごろ感じることができない幸せを噛み締めます。日ごろの目まぐるしさに比べ、少し落ち着いて過ごすことができます。

## 教員の長期休暇、その過ごし方

長期休みの過ごし方としては、おもに次の三つに分けられます。

### ①校務分掌についての仕事

夏休みを例に紹介します。1学期を終えると、それまでの指導の記録や書類の整備状況をまとめ、管理職に報告し、チェックされる「諸表簿提出」という手続きがあります。

たとえば、学級や学年での生徒指導に関する資料――教育相談で話をした内容や、トラブルへの対処状況、家庭訪問での記録等――をファイリングし、生徒ごとにページを用意し、閲覧できる状態に整えたうえで提出します。

また、自分が所属している校務分掌に応じて、それに関する文書を整理します。以前私が生徒指導主事を務めていた際には、学期中に行った生徒指導に関する会議の記録をまとめたり、学校に届いたりした文書――地方公共団体や教育委員会、企業などから届くもの等――を整理したりしました。

　また、2学期を円滑に始めることができるように、準備することも必要不可欠です。2学期最初の職員会議では、その学期に行われる行事についての運営計画や生徒指導上の共有事項等を協議・検討します。

　長期休暇中にそのための計画の作成や係分担等の割り振り、担当部署との調整を進めます。ある程度形づくっておくことで、休み明けに自分が苦労せず、時間的な余裕をもってその行事の実施に向けて進めることができます。

## ②研修の機会

　教育基本法第9条には、「法律に定める学校の教員は、自己の崇高な使命を深く自覚し、絶えず研究と修養に励み、その職責の遂行に努めなければならない」とあります。これを言い換えると、つまり、「教員とは、常に自身の資質を高めるために絶えず勉強をし続け、励む」ことが法的に定められているということになります。とはいえ、具体的にはその内容についてはとくに定められていません。

　現場でも、とくにこの条項について話題になるのは初任者研修のときの講話ぐらいではないでしょうか。

そうなると、長期休暇中に行われる研修とは、教員の「良心」によって「自主的」になされるものでないとあまり意味がないのでは？　と解釈しています。

長期休暇でなく普段の授業期間においても、教員は授業づくりや生徒指導について、教育書を読んだり、インターネットから参考になる記事を探したり、先輩教員から助言を仰いだりしています。つまり絶えず自らの職務について研究し、その修養に励んでいます。

私自身も、教材研究に関する書籍を読んだり、先行研究を調べたりすることは苦になりません。しかし、時間には限りがあります。どうしても日ごろの授業準備や目の前の学級経営、突発的に発生する生徒指導に時間を割かれると、なかなかまとまって「研究」に向き合う時間の確保が難しくなります。

そんなときこそ、夏休みの出番です。読書や先行研究の調査やフィールドワーク、学習指導案の作成、教育論文や原稿の執筆等、普段なかなか時間が取れないことに取り組みます。

また、こういう機会を使って普段なかなか出かけることができない場所に行きます。博物館や美術館、企業が運営する資料館等、さまざまな場所に出向いたりします。神社仏閣、史跡巡りももちろんです。

こうやってたくさんの場所を訪れて触れた「本物の空気」から感じ取ったことや学び取ったことをもとに授業づくりを進めます。目にするものすべてが「学び」と捉え、外に出ることを大切にしています。

### ③休養の確保

じつは、この期間はじっくり休める貴重な期間とも言えます。最近進んでいる働き方改革の一環で、教員の一斉休養日が増えています。いわゆる「空直日」といい、一般的に誰も勤務しない日になります。

学校の見回り等は管理職のみが行い、一般の教職員は出勤しません。勤務の義務がないため、まとまって休みを長く取ることが可能になります。お盆期間の８月13日から15日だけでなく、その前後も含んだ長期の休みなることが多い傾向です。

さらに、夏休み期間は休暇が取りやすい時期でもあります。公立中学校に勤務していたときは、午前中は部活動、午後は事務処理が通常の流れでしたが、その日の予定や状況に応じて、柔軟に午後を丸ごと休みにしたりしていました。

また家庭の案件が急に発生したときなど、その日に休暇を申請して休みを取っていました。「休みたい」と思って休めるのは本当に幸せですね。

１時間単位で休みを取ることが可能だったので、事務処理を終え次第帰宅するなど、融通しやすい時期であると言えます。普段できない役所への手続きやその他届出等の処理という、平日にしかできない用事に充てることが多かったように感じます。

また、部活動の顧問間で調整しながら休みを取り合い、旅行や家庭の時間を確保することもできました。お盆周辺でじっくりと家庭で過ごす時間を確保することに加え、お盆以外の時期でも休暇をうまく組み合わせることで、普段の疲れを癒し、夏休み明けから始まる怒濤の時期を乗り越えることができると思います。

最後に、冬休みと春休みにも触れます。冬休みは12～1月の、長くても2週間程度です。帰省や旅行等に出かける教員が多い印象です。終業式後の平日が少ないため、部活動もあまり多くの日数行われない印象があります。場合によっては土日に大会がある程度です。

中学校・高校での勤務の場合、年明けから高校・大学入試が本格化してくるので、それに向けた事務処理を行います。高校の場合は、共通テスト対策やその後の大学入試に向けた課外授業を実施することもあります。

春休みは、どの校種ともに次年度へ向けての準備期間です。次年度の計画や行事、生徒の進級の準備――たとえばクラス替えなど――新入学生の名簿作成や学級開きの用意等、さまざまなことに追われています。春休みはとにかく「時間がない」という印象です。４月の入学式・始業式になんとか間に合わせるため、目の前の仕事を処理し、新年度に備える日々です。

以上が、教員の長期休みになります。まとめると、「研修」「準備」の時期であると言えます。

普段の授業期間の目まぐるしい日々から落ち着き、まずは体の「休養」に努めること。そして、普段なかなかできない教員としての資質・能力を高める「研修」の時期。そして休み明けの教育活動に備える「準備」の時期と言えます。

本書を執筆することは、私もその休みの期間や時期に応じながら業務を精査し、従事したいと思うきっかけとなりました。さて、次の長期休みはどんな休みにしようか……。ますます楽しみになってきました。

# 第2章　児童・生徒はいま

永井 崇

## 児童・生徒を取り巻く環境

急速な勢いで時間が流れ、変化が激しく、あらゆるものを取り巻く環境が複雑や曖昧になり、想定外のことが起こる困難な時代になりました。

その一方で、いつでもどこでもインターネットを活用し、自分の知りたい情報を知り得ることができる便利な世の中になりました。

図表2-1が示すように、10~17歳の青少年は、この便利なツールをスマートフォンやパソコンなどを用いて使いこなし、必要な情報等を得ています。本当に見事な手さばきで操作していますし、小学生なのに「どうやってその操作の仕方を覚えたの？」というところもあります。一方で、スマートフォンさえあれば銀行に行かずに振り込みができたりと、現代が凄い時代に入ったことを改めて実感します。

反面、その便利さにつけ込んだ犯罪が頻発していることも事実です。また、この便利なツールの誤った使い方で人を傷つけるような行為もしばしば見られ、ときに尊い命を奪う悲しいことも起きています。

教員になって30年以上経過しましたが、ここ最近気になっているのが保護者による虐待です。

### 図表2-1　インターネットの利用率（2022年度）

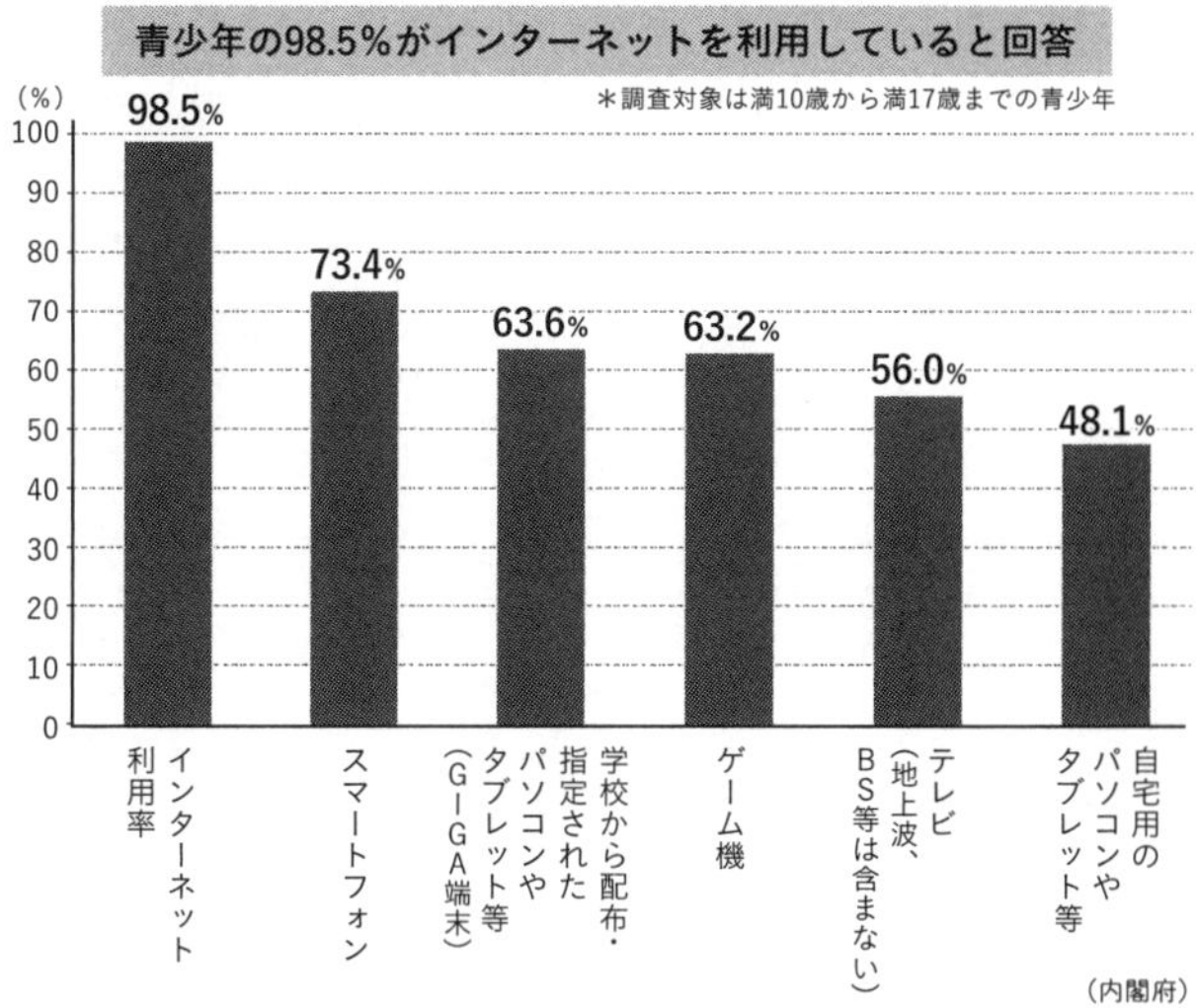


（内閣府）

### 図表2-2　児童虐待相談の対応件数推移（2021年度）

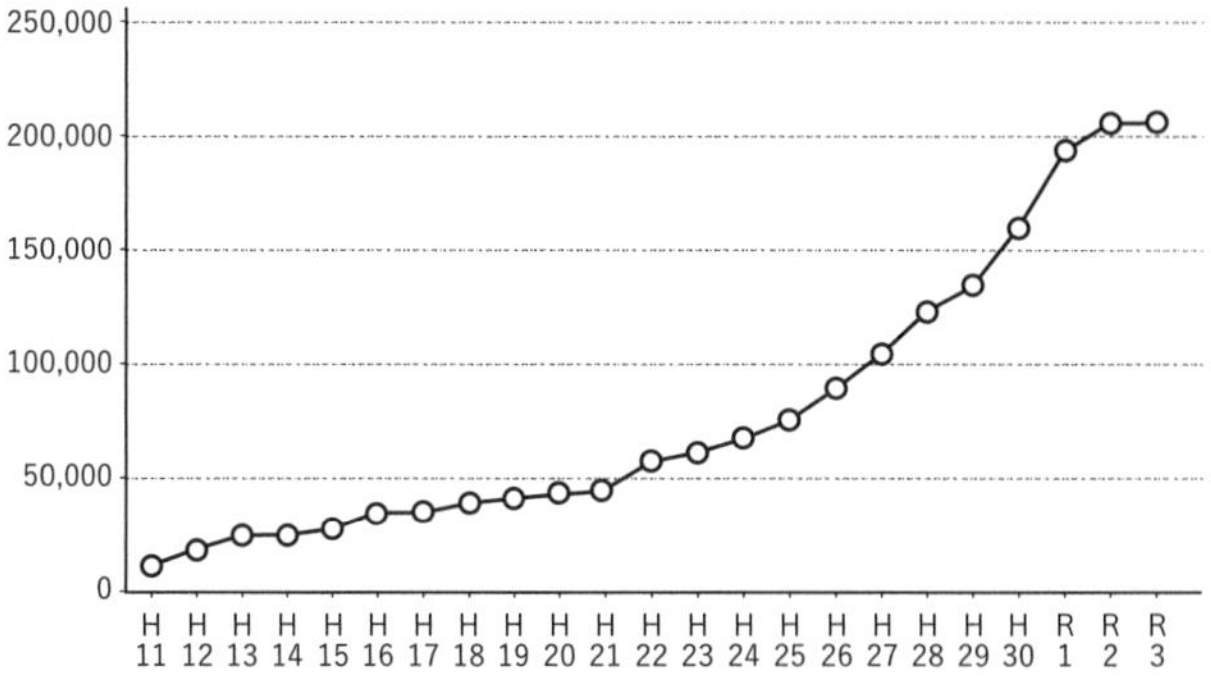


（厚生労働省）

図表2-2からもわかるように、年を追って増加しています。家族のあり方もさまざまですし、なかには小説以上と言ってもいいような、信じがたいほどの複雑な家庭事情もあります。

虐待は、以前からもあったと思われますが、社会で大きく取り上げられるようになったこと、それから法制度が整えられ、見て見ぬふりができなくなったことも増加している原因のひとつだと考えられます。

このような虐待は他人事《ひとごと》ではなく、私たちの身近で起きています。私自身校長だったとき、虐待が疑われる事態がありました。児童が登校してすぐに親から暴力を受けたことを話してくれてわかりました。当然、このあとはしかるべき流れに沿って対処しましたが、まさにこのあとの対応こそが難しいと感じました。

児童を守ることは最優先すべきではありますが、保護者からの圧力もあります。児童相談所と協力して話し合いを進めるのですが、それぞれに言い分がありますので、双方が納得するような理想通りに話が進まないのが現状でした。

それどころか、話し合いの間に児童と保護者の関係性が悪化する事態も見られ、その対応に追われて、いっときも心が休まらなかった担任も大変だったことが思い出されます。このときは教員としての対応に難しさを感じましたし、働き方改革にはほど遠いものでした。

このほかにもヤングケアラー――家族の介護その他日常生活の世話を過度に行っていると認

められた子供・若者――という問題も起きています。

マスコミ等で取り上げられなかったら、私自身もこの問題には気付くことがなかったと思います。新たな視点をいただいたという思いです。

時代とともに本当に児童・生徒を取り巻く環境が変化しています。その背景には、保護者を取り巻く環境も大きく変化していることもあると思います。

**保護者を取り巻く環境について**

児童・生徒の環境が大きく変化した背景には、保護者のおかれている環境の変化が大きいと思います。

例としては以下のことが思い浮かびます。

・離婚等によるひとり親世帯の増加
・病気等に起因する低所得による貧困
・共働きによる子供との充分な関わり不足
・子育て家庭の孤立
・所得の差による経験等の格差

これらは、学校でなんとかしようとしても不可能ですし、はっきり言ってしまえば、学校ではできないことです。

しかし、これらが原因となり、学校で起きている課題や問題があります。その事例について一部を取り上げて考えてみたいと思います。

最初に、実感することは、ひとり親世帯が増加したことです。学校に初めて勤務したとき──34年前──には、学級にひとり親世帯が多くても3家庭程度であったのが、時間の経過とともに増加し、学級の3分の1程度がひとり親世帯、およそ10世帯だったことがあります。

原因のほとんどが離婚によるものでした。厚労省が発表した「令和2（2020）年人口動態統計（確定数）の概況」をもとに計算してみると「約2分おきにひと組」の夫婦が離婚していることになります。さらに付け加えると3組にひと組が離婚しているという実態があります。すでに離婚は特別なものではなく、当たり前に起きている……そういう時代になってきていることがわかります。

しかしながら、離婚が成立できたケースはまだましで、なかにはそこにさえ辿りつけず、揉めている最中の保護者もいます。このような状況にある生徒、とくに転入してくる生徒には、とても気を遣います。

よくあるトラブルの具体例を述べると、離婚調停中に子供と別居している父親あるいは母親からの「子供に会わせてほしい」という連絡です。調停中になると裁判所等から、面会を禁止されていたり、子供の居場所を教えることができなかったりします。事態をしっかりと理解していても、会いたい思いが強く言葉巧みに話をされると情が移ってしまい、つい「はい」と言いたくなってしまいます。

それでも根気よく事情を伝え否定していくと、最終的には態度が豹変し、脅すような高圧的な言葉遣いになり、しまいには激怒して一方的に電話を切るという、いつも同じような流れとなります。

このような場合の窓口は、管理職というのが決まりごとですが、長期休業中などで管理職が不在の場合、出勤している教員が対応することになります。しかも間違いは許されません。教員にとってはかなりの重圧だと思います。

対照的な例として、以前海外の日本人学校に勤務していたときに感じたことがあります。日本人学校に通学して来る子供たちの多くは有名企業等に勤務する保護者の家庭で育っています。それなりの収入や地位を得ていたり、学歴をもち合わせていたりする保護者だと思われます。それを示すように、その多くは、子供たちを塾に通わせたり、習い事をさせていたりと、教育にお金をかけ、子供に豊かな経験をさせています。

そこにあぐらをかいてはいけないのですが、授業を行ってもそれほど手を焼かずに進めることができた記憶がありますし、学習の理解も優れていました。また、授業以外でも子供たちや保護者から、さまざまな考えを聞くことができ、大変楽しい時間を過ごすことができました。また、いじめや不登校という面でも、私が担任した3年間の学級では無縁でしたし、保護者からの苦情もほとんどありませんでした。

それどころか、保護者にも学校の活動に積極的に加わっていただき、地域での教材を探していた私に、地元企業の見学を紹介していただいたり、私に代わって授業で使う材料等を準備してくださったりもしました。これが経済的なゆとりからくるプラス面なのでしょうか。心温まる3年間になりました。

そのときに感じたのが、「経済的安定の大切さ」でした。よく「教育はどれだけお金をかけたかだ」と言われますが、ある面、間違いでもないと実感を伴って理解することができました。教育は、自分だけが良ければ良いものではなく、人やものと関わりながら、どんどん発展させていくものだと思います。つながりという形でです。

少々話がそれてしまいました。親の所得が、子供たちの教育や育ちに大きな影響を与えるということは、ひとり親にとっては辛いところだと思います。

だからこそ、ひとり親の方は行政と連携し、支援を受けるなどの手続き等をしっかりと行っ

## 図表2-3　ひとり親世帯等の生活に関する指標（平成29年）

電気、ガス、水道料金の未払い経験 (%)

| | 電気 | ガス | 水道 |
|---|---|---|---|
| ひとり親世帯 | 14.8 | 17.2 | 13.8 |
| 子供がある全世帯 | 5.3 | 6.2 | 5.3 |

食料または衣服が買えない経験 (%)

| | 食料 | 衣類 |
|---|---|---|
| ひとり親世帯 | 34.9 | 39.7 |
| 子供がある全世帯 | 16.9 | 20.9 |

こどもがある世帯の世帯員で頼れる人がいないと答えた人の割合 (%)

| | 重要な事柄の相談 | いざという時のお金の援助 |
|---|---|---|
| ひとり親世帯 | 8.9 | 25.9 |
| 等価可処分所得第Ⅰ〜Ⅲ十分位 | 7.2 | 20.4 |

「等価可処分所得第Ⅰ〜Ⅲ十分位」とは、世帯を等価可処分所得（世帯人員数を勘案した世帯の可処分所得）の低い順に並べてそれぞれの世帯数が等しくなるように10等分したうちの、低い方から数えて3グループのこと。低所得世帯の代替指標となっている

（こども家庭庁）

てほしいと思います。支援を受けることで、新たな道は開けると思います。

最近の保護者のことでもうひとつ気になることがあります。それは、保護者の勝手な解釈による見方や考え方です。

たとえば、市町村によって違いはあると思いますが、学区に関する決まりがあるとします。それなのに子供の仲の良い友達が公立のA中学校に進学するから、本来なら公立のB中学校に行くところを同じA中学校に進学させたいという申し出です。

たしかに、いじめや不登校が心配される時代ですから、親としての気持ちはわかりますが、このような前例をつくってしまうと、あとが大変なことになってしまいます。

もちろん、いじめや不登校が原因とする

学区の変更についてなら、検討の余地はありますが、「仲が良いから」という理由だけで許可されるというのは限りなく難しいことです。

こういう理由で泣く泣く別の学校に行った子供は数多くいたと思いますし、それを乗り越えて再び高校で出会ったという例もあるはずです。

にもかかわらず、何度も連絡をしてくる保護者も見られます。子供のためと言いながら、本当にそうなのかと感じます。

「子供のため」という言葉を用いれば、なんでもまかり通るという親のエゴのように感じますし、子供の自立というよりも、まず親が自立すべきようにも思います。

もし、子供からそのような相談があったのなら、親として新しい学校での新たな出会いがあることや、学校が変わったとしても友達関係が終わったわけではない等の説明をして、子供を支える役割を果たすべきだと私は思います。

むしろ、親がいつまでも子供のままでいるようで、不安でなりません。教育行政にいるからこそ見えてきたことです。さらに付け加えると、あくまで私自身の考えですが、最近の保護者は、親同士のコミュニティの形成が苦手な感じがしてなりません。

理由は、なんでも教育委員会に聞いてくるからです。気軽に問い合わせをいただくことはありがたいことではありますが、あまりにもローカルな内容だと私たちが知り得ぬこともあり、返答に困ることがあります。そのたびに、「学校に問い合わせてください」と伝えています。話の道理から言えば、分からないことがあれば、まず身近な保護者間で聞いてみることが基本で、それでも分からないときには学校に聞いてみるという順ではないのでしょうか。この私の考え方は古いのでしょうか。

本章の冒頭に触れたと思いますが、これだけＳＮＳ等のコミュニケーションのツールが揃っているのですから、こういうときこそ活用するチャンスだと思います。

また、教員に対する苦情も多く寄せられますが、教育委員会は学校に対して強い権限をもっていて教育委員会に言えば指導をしてもらえるといまだに信じている保護者も多くいます。しかも、苦情の内容を詳しく聞いてみると、校長には伝えず真っ先に教育委員会に話をしてきたケースがほとんどです。そんな場合、私たちは「まず校長に話をしてください」と勧めます。結局のところ、私たちに話をしてきても、事実確認のため学校に話を戻します。そのうえで事実の確認が取れれば、基本的に学校と当事者間で話し合ってもらい、解決してもらうようになるからです。話がこじれてしまったり、どうしようもなくなったりしたときに初めて、両者のなかに入って話を聞くようにしています。

そういった姿勢を理解していただきたいと思います。もちろん、市町村によっての違いはあると思いますが。

## 根本太一郎

子供たちはいま、socity5.0――すべての人とモノをつなぐことにより、あらゆる知識や情報の共有を可能にし、課題を克服する社会をめざすこと――といわれる急激な変化のまっただなかの時代を生きています。近年の5年、10年を振り返ってみても技術革新や社会の変化は凄まじく、その波が一気に押し寄せていると言えます。私自身、その波の大きさや勢いについて、日々実感しています。

私は現在33歳です。担任している生徒とは年齢的にちょうど20年離れています。それを考慮して比較してみると、いまの子供たちは自分の子供時代の20年前とは大きく異なる時代を過ごしているといえます。

それは、生徒と接したり、実際に教育活動を行ったりするなかで常々感じています。そのため、この変化を踏まえながら、私自身も柔軟に対応していくことを求められています。

また、学校現場においても、変わらない部分はもちろんありますが、これまでと大きく変わってきている部分がたくさんあります。前述のように情報化社会等、社会構造の劇的な変化によって求められる教育も変化しています。

私も教員になってから、日々変わりゆく現場に驚きを隠し得ません。ただ社会が変わっているにもかかわらず、学校だけが変化に取り残されているように思う側面も多々あります。

本章では児童・生徒を取り巻く社会の環境や構造の変化について、社会や学校現場での具体例を挙げながら、実際に生徒と触れて感じたことを併せてご紹介できたらと思います。

## スマートフォンなど携帯端末やＩＣＴ機器の普及による変化

最近、電車やバスに乗っていると、乗り合わせた人のほとんどがスマートフォンの画面を見つめているのが当たり前の光景になってきました。この光景を意識するようになってもう10年も経つでしょうか。異様だと当初は思っていましたが、だんだん見慣れたものになりました。

学校現場においても、携帯電話を所持する生徒が急増してきたことを肌感覚として感じます。いま担任しているクラスも、私立学校という特性はありますが、所持率は１００％です。６年前、初任者として公立の中学校に勤めていたときは学級34人中、６割程度でしたが、もはや所持することが当たり前の時代になってきました。昨年度（２０２３年）まで所属していた公立中学校でも、７割以上は自分の端末を所持していました。

このため、生徒の環境は日常的にスマートフォン等携帯端末から得る情報が溢れています。またＳＮＳ（ＬＩＮＥやＩｎｓｔａｇｒａｍ、Ｘ、ＴｉｋＴｏｋなど）から、趣味嗜好に合わせた情報を獲得しています。

図表2-4【小中学生】スマホ・キッズケータイ所有率（経年変化）

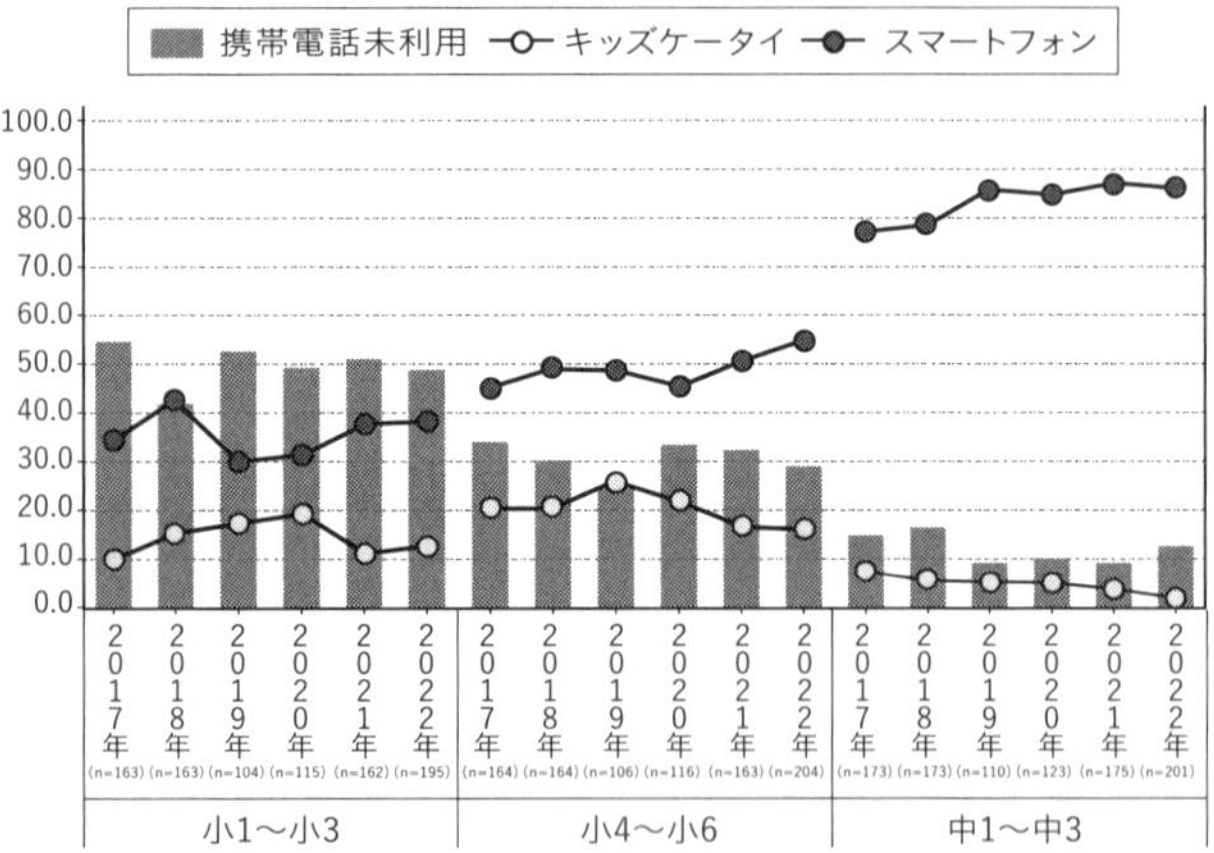


（NTTドコモ モバイル社会研究所　2023年一般向けモバイル動向調査）より

図表2-5　学年別スマホ・キッズケータイ所有率

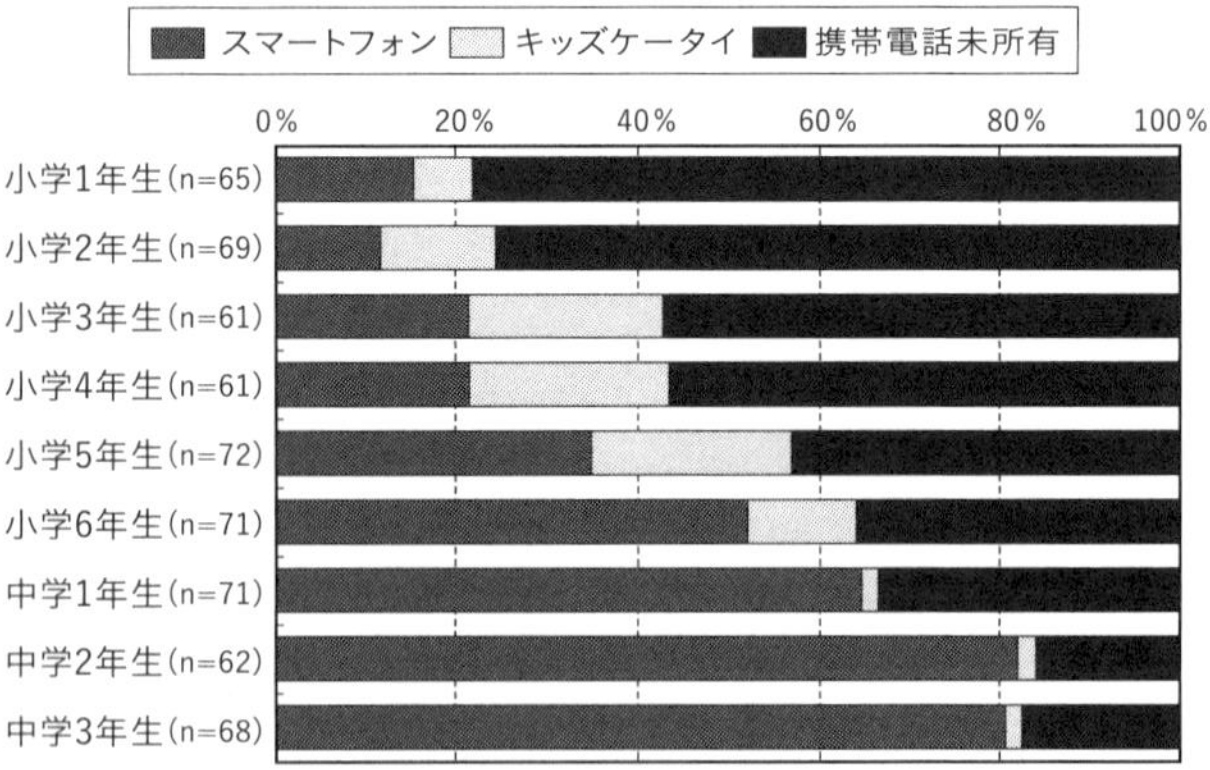


（NTTドコモ モバイル社会研究所　2023年一般向けモバイル動向調査）より

私が中学校生活を過ごした20年前はもちろんのこと、教員になったばかりの10年ほど前と比べても、その情報量の差は歴然としています。「スマホ依存」といわれるほど、一日の接続時間が長くなってしまう生徒も多くなってきています。スマートフォンの使用を自制し、より良い距離感をとって必要な情報を取捨選択することができる情報モラルの育成が急務です。

実際に生徒たちの間でも、ＳＮＳを用いたコミュニケーションは活発です。たとえば、年度初めに新しいクラスとなった出会いのなかで、いわゆる「クラスライン」が出来はじめます。「○組」「○部」など所属しているコミュニティごとにグループラインが分かれ、連絡を取り合ったり、会話を楽しんだりします。さらに仲の良いグループなどさらに小グループへと細分化されています。

それに伴い、ＳＮＳを介したトラブルも生じます。悪口や仲間はずれなどのいじめに発展する場合や、許可を得ないで撮影した画像の流出、個人情報の漏洩等、トラブルは多岐にわたります。私たちの世代には想像もつかない事案ばかりです。

このようなトラブルが露見した場合の生徒指導対応にも日々追われています。まさに、20年前では起き得なかった現象です。「目に見えない」生徒指導は急増しています。

## ＧＩＧＡスクール構想の影響

ＧＩＧＡスクール構想をご存知でしょうか？　教育におけるＩＣＴ環境の充実を図り、それによって教員や児童・生徒の力を最大限に引き出すことを目指す取り組みです——ＧＩＧＡはGlobal and Innovation Gateway for Allの略。文部科学省が２０１９年に提唱し、すでに全国の小・中学校、高等学校等で高速大容量の通信ネットワークを整備、生徒ひとりに対して１台のコンピュータ（もしくはタブレット）の整備が進められています。

この動きは２０２０年以降のコロナ禍において拡大し、オンライン授業の配信や、端末を通した課題の配布等の活用が推進されていきました。私の勤務する学校でも、当時は他校に先駆けてＺｏｏｍを利用したオンライン授業を展開することができたと聞いています。実際に入職するとすぐに個人のＺｏｏｍアカウントを設定し、感染症の拡大や不慮の事態に備えた想定のための対応について指導を受けました。

ひとり１台端末の動きはより一層、全国で拡大しています。２０２０年度末の時点で、全国の公立の小学校等の96・1％、中学校等の96・5％が、「全学年」または「一部の学年」で端末の利活用を開始しています（参考：「GIGAスクール構想の実現へ」〈文部科学省〉https://www.mext.go.jp/content/20200625-mxt_syoto01-000003278_1.pdf）。

実際の授業でも、ひとり１台端末を活用することで、それぞれの学習進度や興味関心に合わせた個別最適な学習が可能になります。映像資料を一斉に配信したり、ひとつのファイルを複数で共有し、編集し合うことが可能になったり、端末を通した意見交流が活発になったりしました。私が受けてきた授業とはもはや隔世の感があります。

これまで受けてきた画一的な一斉授業から、生徒が必要な情報を取捨選択したり、同じ課題に対して協働（教育業界では「共同」ではなく一般的に「協働」を使います）して解決を図ったりする学習形態が推進されています。

また、端末やネットワークの活用により、教員の事務作業の軽減や、より創造的な授業の実現が期待されます。

いままではノートやワークシートを用いた授業が一般的でした。しかし現在ではタブレット端末やノートパソコンが手元にあるため、必ずしも紙の媒体を使用する必要がなくなりました。これにより、生徒はより自分に合った方法で授業を受けられるのです。

実際にあった例として、板書を書き写すことが苦手だった生徒も、画像としてノートを撮ることが可能になったため、効果的な振り返りができるようになったということもあります。

また、教師自身も、板書をする時間を話し合い活動の時間や、協働して授業に取り組ませたりする時間に充てられるようになるなど、授業のあり方そのものが変化しつつあります。まさに、ＧＩＧＡスクール構想により、新たな教育の形が見出されはじめました。

## 家族とコミュニティの変化

図表2－6から、生徒が育つ家庭が劇的に変化しつつあることがわかります。たとえば私の場合、20年前の中学生のときは祖父母、両親、兄妹三人の計七人の3世代が同居する形で暮らしていました。現在では妻と子の三人暮らしの核家族です。

図版2－6を見ると、1980年から2020年までの間に3世代で暮らしている世帯が約3分の1程度まで減少しています。また、私のような核家族世帯も17％の減少となっています。

この状況からわかるのが少子化の影響で、子育て世帯が減少していることに加え、地域においても子供に関わる機会が減少しているのではないかということです。

私が子供だったころは、両親だけでなく、祖父母や近所の人、地域の友人など、数多くの人と関わることができました。しかし、いまは安全面を考慮したり、地域コミュニティ縮小の影響だったりと、なかなか家族以外の人と関わる機会がなく、頻度が減っている時代になってきているように感じます。

また、公園での遊び方の制限や放課後の学校の校庭の使用制限等、これまでのように簡単に集まって遊ぶことも難しい例も聞いています。

育つ地域によってその大小の差はあるでしょうが、全体的に多様な人々と出会い、触れ合う機会が減少した世の中になっていないでしょうか。

図表2-6　家族の姿の変化

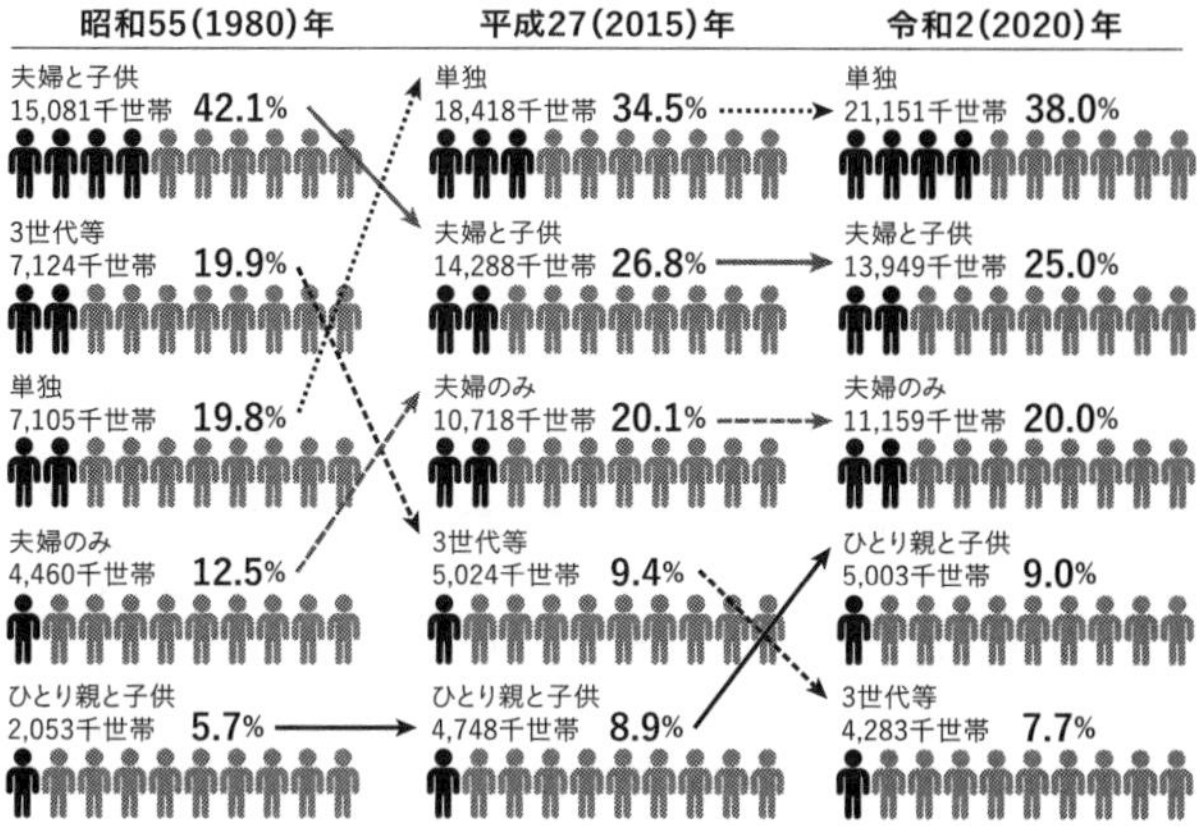


（男女共同参画局）

私の生まれ育った地域では、地元のお祭りもなくなり、子供の数も年々減少しています。私も含めて職を求めたり、自己実現をめざしたりして地元を離れる人も少なくありません。このような現象は全国で共通して見られます。

これまでは子供はその育つ過程のなかで、たくさんの大人や同年代の子供と触れ合いながら成長してきました。しかし、現在は核家族化、少子化、地域コミュニティの縮小等さまざまな要因が重なり合い、人間関係の希薄化が進んでいるように実感します。

## 社会の変化に伴う教育活動の変容

図表２－７と図表２－８からわかりますが、私たちが日々向き合っている生徒たちは、これまでとは明らかに異なる時代を生きていく

と言えるでしょう。

かつて日本経済は人口増加や経済発展に伴い、１９６０年代の高度経済成長期から成長を遂げました。しかし平成初期のバブル経済の崩壊から、終身雇用の減少やジョブ型雇用の増加、多種多様な雇用形態の出現など、新たな局面を迎えました。さらにコロナ禍におけるリモート出勤やオンラインでの仕事環境の創出など、大きな変化が生まれてきました。加えて少子高齢化の急激な進行によって、ますます労働人口が減少しています。前述の家族構成の変化も相まって、あらゆる業界で人手不足が現れています。

教育現場においても、私が大学を卒業したときは教員採用試験の高倍率が続いていましたが、いまや低倍率になってしまい、募集に苦慮する自治体も増えてきました。また、女性の社会進出の拡大やフレックス出勤、人口減少に伴う労働力不足等もあります。

このような環境の変化から生徒たちが社会に飛び出すころには、求められる能力やキャリア観も大きく変わっていくと言えるでしょう。たとえば、高度経済成長期では、画一的な労働環境のなかでより効率良く生産し、多くの収益を上げたり、事業を拡大したりすることが求められていました。また、定年を迎えるまで同じ会社で勤めあげることが理想とされていました。

しかし、現在ではキャリアアップや自分の適性を求めた転職活動は活発ですし、非正規雇用と創作活動の両立等、夢の実現をめざした新しい働き方も増えています。また、YouTuberな

## 図表2-7　日本の従業員数の推移

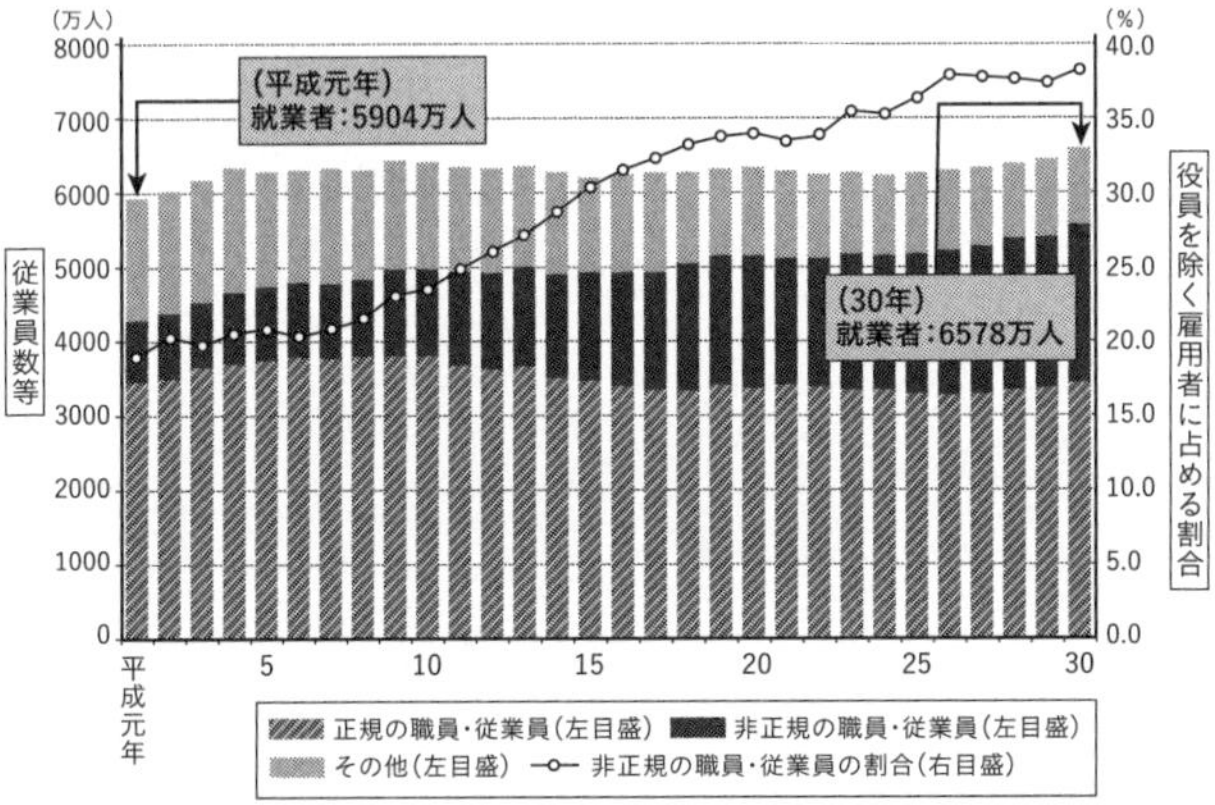


(総務省統計局)

## 図表2-8　日本の人口の推移

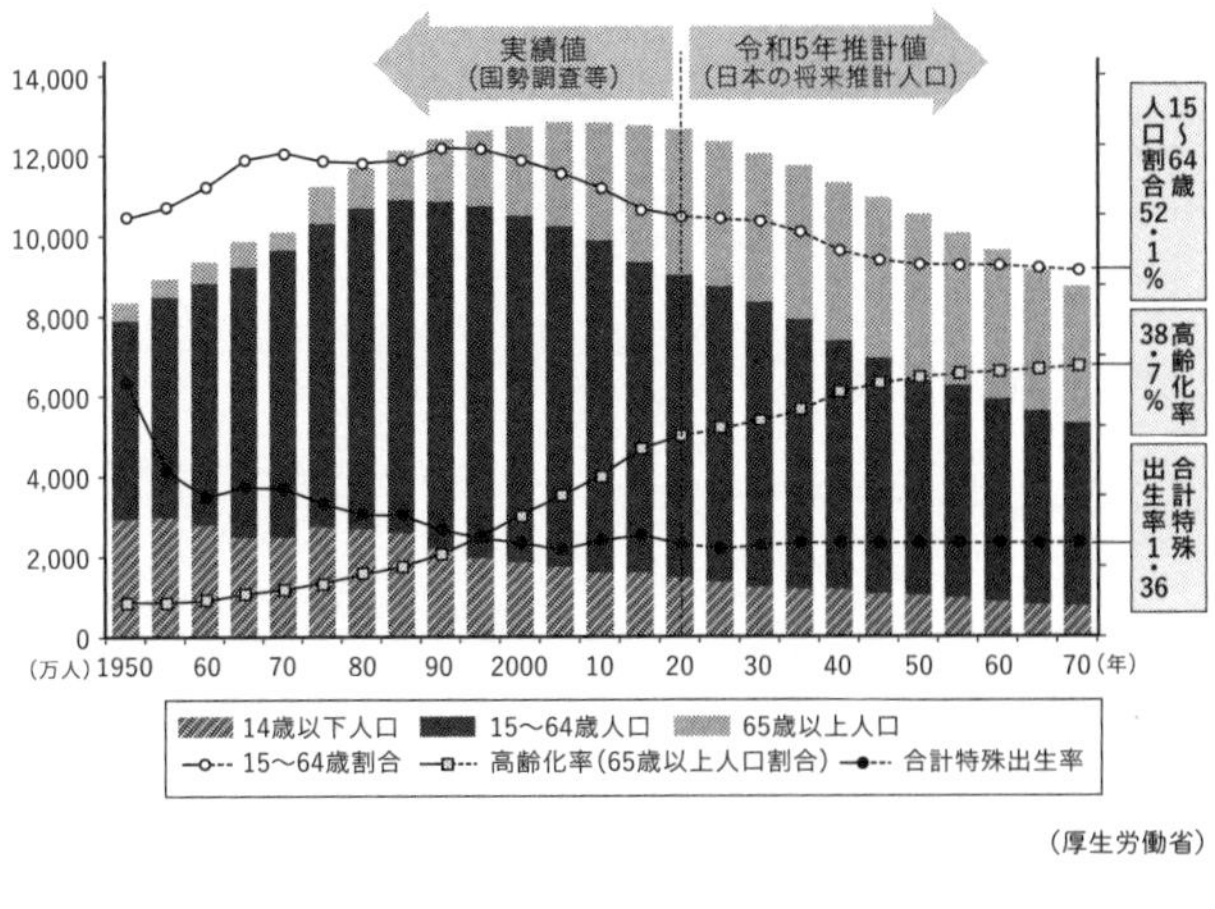


(厚生労働省)

ど、これまでになかった仕事も出現しています。「働く」といっても多様な価値観が見られ、それを受容したうえで自分のキャリアについて自己決定していくことが求められます。

それに伴って教育活動も大きく変化してきました。2000年からは全国の小中学校で「総合的な学習の時間」が始まったことで、教科の垣根を越えた横断的な学習が行われるようになりました。これまで勤務していた学校でも、前述のように、キャリア教育が活発に行われ、そのなかで「起業家教育」を実施するという動きもありました。

さらに、2022年から全国の高等学校において、「総合的な探究の時間」が始まりました。学習指導要領の改訂を踏まえた「主体的・対話的で深い学び」――2020年から実施されている学習指導要領にて児童・生徒が新しい時代に求められる資質・能力として記載――の実現に向けた新しい動きになります。

また、私が指導する地歴公民科目でも、「歴史総合」「地理総合」「公共」「日本史探究」「世界史探究」「地理探究」という新しい科目が生まれました。この新しい教科ではとくに生徒から「問い」を引き出すことが重視されており、生徒が課題を設定し、他者と協働しながら問題解決を図っていくことが求められています。そのため、教員は生徒が問いを引き出せるよう、発問や授業の手法（たとえばジグソー法――学習者同士が協力し合い、教え合いながら学習を進めていく学習方法――等）を工夫したり、社会的事象を概念として捉えさせたりせねばなりません。所謂《いわゆる》「知識」をもとに解を出す、これまでの画一的な講義型の授業からの脱却が必須です。自ら主体的に学びに向かい、課題を見出し、解き明かすことができる生徒の育成を私もめざしていきたいところです。

## 児童・生徒のいまとは

本章では改めて現代社会を異なる側面から見つめ直し、児童・生徒を取り巻く環境について整理してみました。これまでの時代とは大きく異なり、多様な生き方や価値観が生まれていきます。社会も激変し、私が小中学生のころには想像もつかなかった社会の変化が起きていると言えるでしょう。

しかし、そんな変化のなかだからこそ、これからの教育に何が求められていくのか、私たち教員が考え、実行していく必要があります。

さらに言えば、教育現場だけでなく、家族、地域社会、企業、自治体等さまざまな形で児童・生徒と関わる人たちも、どんな教育、そして社会が求められているのかを一緒に考え、協働して課題に向き合っていく必要があるのではないでしょうか。

現状維持ではいけません。未来を生き、未来を創っていく児童・生徒に寄り添う最前線である私たち教員が何をすべきであるのか、読者の皆さんと考えていきたいと思います。

# 第3章　保護者との関わりについて

## 教員と保護者の関係性

永井 崇

いまから20年ほど前に勤務していた小学校で先輩から言われた言葉が頭から離れません。それは「学校はサービス業だから」というものでした。

そのときは、言葉を「そういうものなのかな？」と半信半疑で聞いていた記憶があります。そのころからでしょうか、教員が保護者に依頼をされるとなんでも引き受けてしまう流れになってしまったのは。

保護者からの要求すべてに対応することは決して悪いことではなく、子供の成長や学びにつながることもありますので、そこは勘違いしてはならないと思います。

ここで紹介するのは、たとえば、保護者によるＰＴＡ活動のひとつである○○委員会等の仕事です――本市の学校では教養委員会とか厚生委員会といったりします。本来、このような仕事は保護者が中心となって活動すべきことですが、なかには忙しいということを理由に、「先生、お願いします」と担当の教員に丸投げをするような場面を見る機会がありました。また、私自身も依頼されたことがありました。

そうなると、本来子供たちが下校してから行う業務ができずに、ＰＴＡ（保護者の部分）の仕事を担任が代わって行う必要が出てきます。いくらＰＴＡのＴが教員を指しているとはいえ……。

その結果、帰宅時間が遅くなったり、本来行うべきことができなかったりと、業務にも影響が出てしまいます。こういったことが続いてしまうと、教員と保護者との関係性に亀裂が入ってしまいます。

この事例とは別に、教員のなかには保護者との関わりをあまり好まなかったり、苦手意識を感じたりする者も一定数見られます。おそらく、過去に保護者からお願いごとやクレームを言われること等を通して、面倒な事態になったことがあり、距離を取っているのではないかと思います。ほんとうにそのようなケースもまれにありますが……。

基本的に教員は、学級にいるとなんでも思い通りになるので王様のような気分になりがちです。この傾向は、小学校のほうが強い印象です。いわゆる「学級王国」――教師が互いに他の学級に干渉することなく、学習や生活の指導をはじめとするあらゆる教育活動がそれぞれの学級担任の独自性に委ねられていること――と呼ばれるものです。私は「学級王国」自体は決して悪いことではないと思っていますが、いきすぎてしまうと子供たちに何を言っても「〇〇先生が〇〇していいと言ったよ」と、特定の教員の言うことしか聞かないという生徒指導上、厄介なことになりがちです。

このような学級王国のなかで自分の指導に対して意見をされたり、苦情を言われたりするのは避けたいという思いが、保護者との関わりを遠のかせるのかもしれません。もちろん、保護者と関わることが苦手という教員ばかりではないのでご安心を。

ちなみに、私は保護者と関わることは苦手ではなく、教員以外の人からの意見や考え方を聞くことは、自分にはない見方や考え方に触れる絶好の機会だったので、むしろ積極的に関わっていたほうでした。

つまり、教員のなかには保護者と関わることに苦手意識をもっている教員もいれば、正反対の教員もいるということを理解していただければと思います。ただし、子供との関わりは問題ないので、信頼して任せてもらえればと思います。

## 最近の親から不安に感じること

家庭の教育力の低下という言葉を耳にする機会が多々あります。よく言われるのが、

・子供に対して過保護、甘やかしすぎ、過干渉な親の増加
・子供に対するしつけや教育の仕方がわからない
・父親の存在力の低下

などです。

子供はかわいいです。自分の子供となるとなおさらです。このことは私も親なので、よくわかります。

しかし、最近の事例では信じられないようなクレームも起きています。「昔は良かった」という言葉はふさわしいとは思いませんが、しつけという点では、ひと昔前の親のほうがしっかりしていたと思います。

きちんとしつけをされる親御さんの多くは、子供のころから親にしつけされてきたからこそ、親になったときにその教えを自分の子供に伝え、人様の前で恥をかかないようにしてあげたいという優しさを感じます。

ところが、現在そのような親の理想像が崩れはじめています。

たとえば、子供が教員の話をポケットに手を入れたまま聞いたことに対して、教員が指導した際、なぜその行為が悪いのかとクレームを言ってきたことがありました。

私が親なら自分の子供に対して一喝するところです。また、最近の親は、都合のいい部分だけを切り取って言ってきます。教員に「○○と言われた」など、まるで鬼の首をとったかのように。

調べてみるとたしかに教員が言ったことではありますが、この言葉の前後には続きがあったり、その状況になった背景や経緯があったりと、親がしっかりと子供から話を聞けばわかることだと思います。

私なら、子供からそのような話があっても、まず子供の言っていることを半分疑いながら、教員に真意を聞いて確かめます。

さらに付け加えるならば――政治家を見ていてもそうですが――大人であっても自分に都合の悪いことは言わないものです。まして、子供であればなおさらです。

しかし、そのような対処をせず、子供から聞いたことだけを言ってくる親は多いものです。しかもクレームは最後まで引くことなく続き、自分の子供には一切非がないことを主張します。結局教員が謝罪をすることになるのですが、こうなると、親と顔を合わせたくなくなるものです。教員も人間ですので。

いつもこれで本当にいいのかなと理不尽を感じる日々です。

子供を大切と思うのなら、いまを大切にしながらも、将来自分の子供が親になったときのことを考えて、成長を支援していくべきだと強く感じます。

また、よくある事例として、子供同士のけんかに親が口を出してきて、まとまりかけた話もまとまらなくなるということがあります。

学校生活は、たくさんの児童や生徒がいるので本当にさまざまなことが起こります。ときに予想を超えるような出来事も起こります。

授業においても、同じ内容であっても、学級が違うとまったく違う流れになってしまい、「こんなはずではなかったのに」と後悔の連続です。だからこそ面白いという人もいます。

このような学校生活のなかで、ときに子供同士がけんかという形でぶつかり合うことも当然出てきます。殴り合いなどの暴力は絶対にいけませんが、これからの社会を生き抜くにはこのような場も経験上あってしかりだと私は思います。

けんかの多くは相手の態度や言動等が原因で起こります。したがって、その原因を明らかにし、自分たちの行為等を振り返らせ、話し合いをすることで解決に向かうことができます。

話し合った結果、子供たちが納得し、解決したとしても安心できない……それが最近の状況です。一部の理解力のない保護者から「その対応では納得がいかない」「親からの謝罪はないのか」等のクレームが学校に来るからです。自分の子供がいつ加害者になるか考えもせずに。

繰り返しますが、子供同士は納得がいっているのにです。

現在では、報道の影響等もあるのかもしれませんが、子供のけんかに平気で保護者、しかも父親が口を出してくる時代になりました。父親が理解を示さないとなると正直、教育委員会が間に入っても解決が難しくなり、暗礁に乗り上げてしまいます。

このような状況は私の市だけでなく、全国でも多々起きているようです。本当に厄介な時代になりました。

もう少し、親は目の前の事象だけで判断するのではなく、全体を俯瞰《ふかん》したうえで意見を述べていただきたいものです。このような保護者（モンスターペアレント）等への対応のために、スクールロイヤー――学校・教育委員会・学校法人に対して、学校で発生するいじめ、不登校、事故等さまざまな問題に対して助言等をする弁護士のこと――が制度化されている市町村が確実に増加してきているということです（直接弁護士が保護者と対峙して話し合うということではありません）。

上述したように、話がこじれてしまうと教育委員会が介入しても、解決が難しくなります。そうなると教員はどうしたらよいかわからなくなってしまいます。こういうときこそ、訴訟の専門家である弁護士の出番です。心から待っていた吉報だと思います。

教員には、法律に疎《うと》いところがありますので、専門家の意見を聞くことで対処できると思います。さらに、教員は安心して本業である授業に集中することができるため、子供への影響も少なくてすむはずです。引いては教員の働き方改革にもつながることだと思います。

このような取り組みがもっと全国的に公になることで、教員の道を志す若者が増加してくれたらと思います。

## 教員の応援団もいる

最近の親について述べてきましたが、学校に対して苦情や非協力的なことを言ってくるのは、1割程度の親で、多くの保護者は、子供たちや学校、教員を好意的・協力的に支えてくれます。

私自身も担任をしていたころ、苦情を言われた経験があります。算数の授業を行っていた際に、突如、子供同士が口げんかを始めました。徐々にエスカレートし大声を出したため、止めようと叱りました。しかしながら、その叱り方が気に入らないという苦情を、その片方の子供の母親から直接電話で言われたことがあります。

正直、寝耳に水の状態だったので、「どうしてそのことが?」と思ったほどでした。しかし、執拗《しつよう》な口撃（?）に遭い、教員をやってきたなかで一番というくらい落ち込みました。

学級にもその母親は来ました。授業の様子も見ましたし、子供たちの前で私にそのときの様子等を訊いてきたので、学級の子供たちもなぜ口げんかをした子供の母親が来ているのか、その理由を理解したと思います。

当然、学級の子供たちは、口げんかをしていた子供たちと私のやり取りを見ていたので、このことを帰ってから親に話をしたのだと思います。

早速、保護者や子供たちから「先生は悪くないよ、当然のことをしただけ!」と私を応援してくれるメッセージをたくさんいただきました。

落ち込んでいた私は、心からの元気をもらうことができました。四面楚歌《しめんそか》と思っていた自分にこんなにも応援団がいることが、喜びとなり、勇気となり、この苦難を無事に乗り切ることができました。

さらに、どうしたことか苦情を言ってきた母親もそのときの状況を理解（？）したのか、その後は私に対しての苦情はなく、協力的に支えてくれました。

「災い転じて福となす」ということわざのようでした。

このことから学んだのは、日ごろからのコミュニケーションの大切さです。保護者が学校に来て顔を会わせる機会があれば、子供の話題等で気軽に話をして、自分をわかってもらえます。コミュニケーションは長い時間会うことよりも、短時間でもいいので何回顔を会わせるかです。

保護者のなかには、教員や学校に対して苦情等を言ってきて、非協力的な態度をとってくる人も一部存在しますが、教員や学校の行っていることに対して理解を示し、支援してくれる協力的な保護者が存在することも事実です。

自信をもって日々の教育活動を行うことの大切さを学びました。

## 保護者は子育ての先輩

根本太一郎

教員になってから一番不安に感じていたことが、この保護者との関わり方についてです。

これまで９年間、教員として保護者とご一緒させていただきました。初めは緊張や不安ばかりでした。授業の仕方や教師としての考え方などについては大学の教職課程の講義で学べましたが、保護者との関わり方については、講義を受けた記憶はありません。ましてや、保護者は私より年長の方ばかりです。若輩者の自分にとって何ができるのだろう。うまくやっていけるのだろうか。そんな思いばかりでした。いまも迷いや悩みは尽きません。

しかし、教員生活９年目を迎え、これまでのたくさんの保護者との出会いを通して、少しずつではありますが、やっと落ち着いて対応できるようになってきたかなと思います。

まだまだ充分とは言えませんが、私なりの心構えなどについて少しですが、お伝えしたいと思います。拙《つたな》い経験ではありますが、教員として、どのような心がけをもち、具体的に気をつけながら接しているのか、知っていただけると嬉しいです。

まず、心がけの部分ですが、保護者に対して、「子育ての先輩」という意識をもって接しています。

私はまだ教員として9年のキャリアしかもち合わせていません。そのため、生徒理解という点でもまだまだ未熟者であります。

一方、保護者は自分よりも長い年月、心血を注ぎ、ご自身のお子さんに寄り添って生活されています。

それを念頭に考えると、教師という専門職ではあれども、保護者に対して軽々しくアドバイスすることなどできません。ましてや指導などもってのほかです。そのため、私は「教えてもらう」という姿勢を大切にしています。

現在、私は2歳の子供がいますが、子育てについてはわからないことばかりで日々悪戦苦闘しています。子育てをするようになってから、なお一層保護者のこれまでの努力や苦労に気づき、頭が下がる思いでいっぱいです。

そのため、とくに、教えていただくという立場で、会話の折々から、生徒の特性や家庭での様子、悩みや困っていることなどを話してもらうことを大切にしています。

間違っても教師という立場だから相手へ「教える」とは思ってはいけない。強く自分への戒《いまし》めとして心がけています。私が保護者と関わる際にとくに意識している点が三つあります。

## 保護者に対して意識していること三つ

ひとつ目は、第三者的目線を大切にすることです。

たとえば、目の前の生徒の問題解決のために、話し合うべきことがあるとします。その場合、教師目線、保護者目線を意識するのは当然として、どちらの立場にも入り込まず、第三者から見てより良い言葉かけや対応策はないかも意識します。

教師目線では、児童・生徒や保護者にとって必ずしも寄り添い、適切な表現ができていると言えない場合もあります。一方で、保護者目線に立つことばかり考えると、教師として必要なひと言をなかなか言えなくなってしまうこともあるでしょう。

そのため、一歩引いた目線で考えるようにしています。そうすれば、どちらかの立場に偏らず、生徒にとってどんな対応がベストか、冷静に考えることができると思います。

ふたつ目は、長期的な視点で対応することです。

たとえば、保護者からの相談で多いこととして、「子供が勉強をしない」「スマートフォンの接続時間が長くなってしまう」などが挙げられます。短期的に考えれば、勉強をするよう強制力を働かせたり、スマートフォンそのものを取り上げたりすれば、目の前の問題解決にはつながるでしょう。でもそれはほんとうに子供のためになるのでしょうか。

それでは問題の根っこは残ったままです。そのため、「なぜ勉強をしなければいけないのか」

「どうしてスマートフォンを接続してしまうのか」など、その問題に迫って、長期的な問題解決を保護者も巻き込んで考えるようにしています。

生徒が問題を自覚し、解決をめざす過程を保護者の皆さんと3者で協力し合い、時間をかけて、ともに歩んでいくことで、抜本的な解決につながっていく……そう信じて心がけています。

三つ目は、情報交換を絶やさないことです。

前述したこととも重複するのですが、生徒は家庭で過ごすよりも長い時間を学校で過ごしています。そのため、学校での児童・生徒の様子をできるだけ多くの形でお知らせできるように努めています。

たとえば、学校行事等で来校されたとき、授業参観でいらっしゃったとき、生徒が体調不良で早退したときなど……。お会いできる機会を逃さないように、少しの時間でも関わることができるのであれば、何かひとつでもお話しし、もち帰っていただけたらと考えています。

今年（2024年）度から、担任を受けもってから初めて「学級通信」を発行しています。「年間100枚」を目標に、日ごろの学校生活や行事での様子、生徒の様子を見て気づいたことや教師からの願いや想いなど、さまざまな情報をお伝えするようにしています。

「学級通信を発行することを通して情報共有を図り、指導の方針を共通化する」ことを目的にしています。教師・保護者が一体となって生徒のより良い成長につなげられることができるようにしたく思います。

自分も子育てをしていて保護者の気持ちが少しだけわかるようになりました。たまに保育園に送迎のために伺ったときに、保育士さんにどんなお友達と過ごしているのか、または食事をどのように摂っているのかなど、子供の話を少し聞けただけで安心した気持ちになります。「保育園だより」に自分の子供が載っていると、嬉しくなる……そうですよね（笑）。

生徒を学校に預けていただいている以上、少しでも安心してもらえるよう、こまめな情報共有を絶やさないようにしたいと思います。

## 大切な子供をお預かりしているということ

最後に、ある言葉を紹介します。

**教師は保護者よりも長い時間生徒と過ごす分、目の前の生徒の一挙手一投足に責任をもたなければならない。**

教師になりたてのときに先輩の教員にご指導いただいた言葉です。

前述のように私はいま保育園に子供を預かってもらっています。子供は朝から夕方まで、その空間で過ごしています。生活のほとんどを保育園で過ごし、睡眠をのぞいた家庭で過ごす時間よりも長く、保育園で過ごしていると言えます。

これは学校現場でも同様です。児童・生徒と私たちが過ごす時間は、保護者よりも長いこともあります。

そのため、保護者が安心してお子さんを学校に預けられるよう、生命の安全を担保することが何よりも最優先であると言えます。だからこそ、教師はとくに責任をもって生徒に向き合い、関わっていくことが必要不可欠です。生徒が心身ともに健康な状態で毎日元気に充実感をもって家庭に帰り、何かしらの成長をもって帰れることこそ、何よりも重要だと思います。そして、日々、前向きな気持ちを学校に向けて、新たな気持ちで登校できるような「安心・安全」を担保することをめざすべきです。

教師は児童・生徒の「伴走者」であることと同時に、「安心・安全を担保する」責任をもっていることを肝に銘じ、保護者が安心して学校に預け、連携し合える環境をこれからも引き続きめざしていくべきだと思います。

# 第4章　このままだと教育現場はどうなってしまうのか

永井 崇

## 現状から予測される将来の学校像

ここまで学校の現状等について書いてきました。本章では将来の学校像について自分なりに考えたことを述べたいと思います。

本来、学校（教員）のあるべき姿は、本業である、即ち子供たちの確実な学力の定着であったり、これから来るだろうと思われるさまざまな社会情勢を乗りきって生きぬく力を、子供たちに確実に身に付けさせることです。これがもっとも大事な役割だと思います。

しかし、現状では学校（教員）だけでは解決できない複雑化した問題が山積し、本業に専念できない状況になりがちです。それが教員のストレスになっているのです。

保護者からの苦情等の問題については述べてきた通りです。ほかにもストレスの原因と考えられることがあります。

たとえば授業時数です。第1章で少し触れたように、授業時数についても再考する必要があると思います。

小学校では1単位時間を45分、中学校では50分を基本としています。中学校は教科担任制ではありますが、担任は自分の教科はもちろん、ほかに道徳や特別活動等の指導を行うことがあります。一方、小学校では、担任がすべての教科を指導することを基本としています。

ここで1週間に授業を行えるコマ数が、一日6時間×五日として最大30コマあるとします――実際には、27～28コマ程度になると思います。そのなかで何コマの授業を行っているかがその教員の仕事量を左右します。小学高学年の担任になると、少なくとも週に25コマ程度は担当していると思われます。この場合、1週間に空いているコマが2～3コマ程度です。これがその教員の空き時間となります。この時間はおもに授業の準備や事務作業等に使われています。

25コマの授業の準備を、たった2～3コマの空き時間で行うのはどう考えても時間が足りません。一方、低学年の担任になると、遅くても14時ごろには児童が下校するため、16時30分までの時間が自分の時間となり、次の日の授業の準備に充てることができます。そのため、低学年を担任すると比較的退勤時間には帰宅することが可能となり、低学年を希望する教員が多いことも理解できます。これを理由として、高学年を担任したくないと話している教員も実際目の当たりにしました。

中学校では、担当する授業のもち時数をある程度平等になるように揃えているという話も聞いたことがありますが、それ以上に部活動が大きな割合を占めています。実際、本市では時間外勤務時間となった理由として「部活動」と回答した教員が多く見られました。中学校の場合、部活動指導を可能な限り早く、地域へ移行したり、部活動指導員に指導を委ねたりすることが望まれます。

新しい学習指導要領では「脱ゆとり」対策として、各学年での指導内容を増やしましたが、本当にそれで良いのか個人的には疑問に思います。各教科1～2割程度時数を削減しても良いのではとさえ思っています。

自動車のステアリングやアクセルに「遊び」があるように、教員にも「ゆとり（遊び）」が必要なのではないでしょうか。授業で児童・生徒の理解を確実にするために、「こんなことにチャレンジしてみたい」という気持ちをもつことが、教員にとってのやりがいや意欲の高揚等に発展してくるのではないかと思います。

さらにあえて付け加えると最近、学力を定着させるために夏休みなどを減らし、代わって授業日を増やす自治体が増えてきましたが、いかがなものかと個人的には思います。

「学力を身に付ける＝時間をかける」という考え方は、ひと昔前のものだと感じています。大切なのは、児童・生徒の気持ちに「やってみたい」「どうして？」という知的好奇心や探究意欲に火を着けることだと思っています。

そのためには、上述したように教員にも授業についてもっと考える、同僚と話し合えるような時間が必要不可欠だと思います。

さらに、教員による教え込む授業から、児童・生徒自らが考える授業に質的に変換していくことが、いま求められているのではないでしょうか。だからこそ、授業時数を減らし、教員にもっと子供たちの実態に沿った授業について、考える時間を与えてほしいと心から思います。

## 教員への警鐘

自分が使っているスマートフォンの調子が悪くなり、買い換えをするか、修理するか相談するために、携帯電話のショップに行ったことがあります。

ショップ内には、新しい機種がたくさん並んでいて、一つひとつ手にとって見てみると、自分がもっている機種よりはるかに機能が優れていることはわかります。ただ、具体的に何がどう違うのかわからずに迷ってしまったことはありませんか？　スマートフォンの隣には機種の特徴を示す数字が書いてあるのですが、私の場合、結局恥ずかしい話、わかるのは月の返済金額や、１回の充電で可能な通話時間や待ち受け時間くらいでした。

そこで、迷惑だと思いましたが、店員さんにひとつずつ機種の特徴について聞いてみることにしました。すると、淀みのないわかりやすい説明が返ってきました。

さらに、私の使い方などに合ったプランについても見直して提案もしていただきました。

そのとき感じたのは「プロだなぁ」ということ。何を聞いても丁寧に答えてくれる、この方、知らないことがないのかなぁと思ったくらいです。

きっと、私たちの知らないところで研修を受けたり、自ら学習を行ったり努力をしているからこその結果なのでしょう。

かなり前置きが長くなってしまいましたが、そのときに考えさせられたことがあります。

それは、この場面を学校現場に置き換えるとどうなるのかということです。たとえば学習指導要領は全面実施からおよそ10年経過すると内容が見直され、改訂されます。その際、私たち教員に改訂内容が大きく知らされ、気の利いた職員がいると新しい学習指導要領解説本の購入を斡旋してくれます。仮に、小学校のすべての教科の学習指導要領解説を購入しても、２０００円程度だったと記憶しています。

自ら書店等で購入する教員もいるので、入手法は追究しません。ただ、実際のところ教員は各教科で何がどのように改訂されているのか、ほんとうに把握しているのだろうかと思っています。

というのも、授業研究をする際に慌てて購入したり、初めて目を通したりするという教員や、自分では解説本をもっておらず、学校で常備している学習指導要領や教科書の教師用指導書等に頼っているという話も耳にします。

私たちは教員免許をもち、教育の最前列で子供たちに教育を実践するプロです。このような実態で、学習指導要領が改訂された理由や変更点についてわかりやすく丁寧に保護者等に説明することができるのか、甚だ疑問に感じました。

携帯電話のショップの店員さんとのプロ意識の違いを感じずにはいられませんでした。

## 視野を広くもてる教員に

大部分の教員は、小・中・高校・大学等に通い、その後卒業してから再び学校に戻っています。即ち、学校しか知りません。とくに両親や配偶者、友達の多くも学校関係者という教員もいますが、そういう人の環境はさらに閉鎖的となり〝井の中の蛙《かわず》〟色は濃くなります。

このこと自体は悪いことではないと思います。しかし、教員には職場体験学習等を指導することもあります。また、教員の最大の職務のひとつが、子供たちに一人前の社会人としてコミュニティや社会、国家を支えることができるように成長してもらうことのサポートである以上、やはり〝世間知らず〟ではいけないと思っています。

教員は、基本的に学校現場しか知らないという事実を踏まえ、積極的に自分の視野を広くするための努力や意識をもちつづけてほしいと思います。

幸い保護者や地域の身近なコミュニティのなかには、他業種の方はたくさんいます。そういう方とのコミュニケーションを大切にしてほしいと思います。出会いの少ない職業と言われるからこそ、多くの方々とコミュニケーションを深めれば、授業にも考え方にも幅が出てくると思います。

## 志を高くもった教員に

学習指導要領が改訂されることは先述しましたが、一部の教員のなかには学習指導要領が変わっても、ほとんど自分のやり方を変えずに授業を行っている人もいます。

現在は「主体的・対話的で深い学び」の実現に向けた授業への改善が求められています。「主体的・対話的で深い学び」をねらった授業は、問題点や疑問点の解決のために、教師からの一方的な説明だけで導くのではなく、まず「どうして」「なぜ」という子供の興味・関心が高まるような問いをもたせます。そのうえで子供が自分の考えや意見をクラスメイトと話し合いや討論をすることで、主体的に解決していくようにします。この授業はこのようなプロセスを経ることをめざしています。

正直なことを言うと、難しい授業だと思いますが、この授業は子供たちが教員に言われたから取り組むのではありません。課題を我が事として捉えることができるため、意欲的に取り組むことができます。それゆえ、内容の理解や定着も確実なものとなっていると思います。

こういう授業は客観的に見ても、子供が本気になって取り組んでいる姿が随所に見られるので、私も好きです。

しかし、相変わらず、「チョークアンドトーク」の所謂《いわゆる》講義型の授業をする教員もいます。たしかに、この授業は教員からの一方的な話を教科書に沿って行うわけですから、教員は楽だと思います。

とはいえ子供はたまったものではないと思います。単に話を聞くだけになり、何のためにやっている授業かわからないままだから、意欲が高まりません。結果として、学力の定着が図られないということになります。

もっと付け加えるならば、将来、子供のなかには教員を志す人も出てくると思います。きっと、その子供も自分が受けた授業をモデルとして、授業を行うことになるでしょう。このことに、私はもの凄く危機感を覚えています。学制が制定されてから約150年が経過したいま、授業のスタイルがそのときとほとんど変化していない理由が、ここにあると思います。

厳しいことを言います。いまを大切にすることは否定しませんが、私たち教員は数十年先を見据えた授業を行う志と責任、それを以って授業改善に取り組むべきだと思います。

根本太一郎

ここまで、いま学校がどのような環境に置かれているか、さまざまな視点をもとに考察してきました。教師として働くことの良い点や魅力的な点ばかりではなく、悪い点や改善点等も浮き彫りになったように感じます。これまでの記述を踏まえて、以下では、現状から予測されるこれからの学校を取り巻く状況について、論じていきたいと思います。

## 教師の担い手不足の加速

『「#教師のバトン」プロジェクト』についてご存知でしょうか。これは、2021年3月26日に文部科学省が主体となって立ち上げられました。いま学校では、働き方改革による職場環境の改善やICTの効果的な活用、新しい教育実践等、進行中のさまざまな改革事例があります。これについて、現場の教員や保護者等にツイッター（現X）などで投稿してもらい、それを通して、全国の学校現場の取組を公開します。加えて日々の教育活動における教員の思いを社会に広く知らせて、教職をめざす学生・社会人の方々の準備に役立てる……そういった趣旨で始められました（https://www.mext.go.jp/mext_01301.html）。

背景にあったのは、教員採用試験の受験者数の減少や離職者の増加、教職員の働き方への問題視の高まりなどです。これらの解消のため、教員のより一層の働き方改革の推進や、処遇のあり方の検討を進め、加えて、教職をめざす学生や社会人教師や教師をめざす方のみならず、児童生徒や保護者の方などさまざまな方々からの投稿を求めたというわけです。

しかし、ここに寄せられた多くの投稿は、残業や部活動対応等の厳しい労働実態に関するものが多く、この盛り上がりを「炎上」とする報道も相次いでいました。これによって、なお一層労働実態が問題視される機運が高まってきたように感じます。

私たちの現場においても、これまで当たり前と思っていた働き方や労働環境、処遇について考え直すような動きが見られました。実際に自分も、労働時間が少しでも短くなるよう削減できる部分はないか見つめ直したり、仕事の省力化のためのＩＣＴ活用等、日々の業務のなかで取り入れるようにしています。

しかし図表４－１からわかるように、未来の教育現場を担う人材が少しずつ減少してきており、実際に教職課程を履修～修了して教員免許を取得することができる学生は減少傾向にあります。私も母校の教職課程の先生との情報交換のなかで、その傾向は顕著であると聞いています。これは母校に限った話ではなく、同様の話をほかの大学の先生から聞くこともあります。

教員免許を取得する学生が減少したことや、ほかの業種をめざす学生が増加したことにより、

## 図表4-1　試験区分別競争率の推移(上) と明治大学における教職課程履修者数・教育実習実施者数の推移(下)

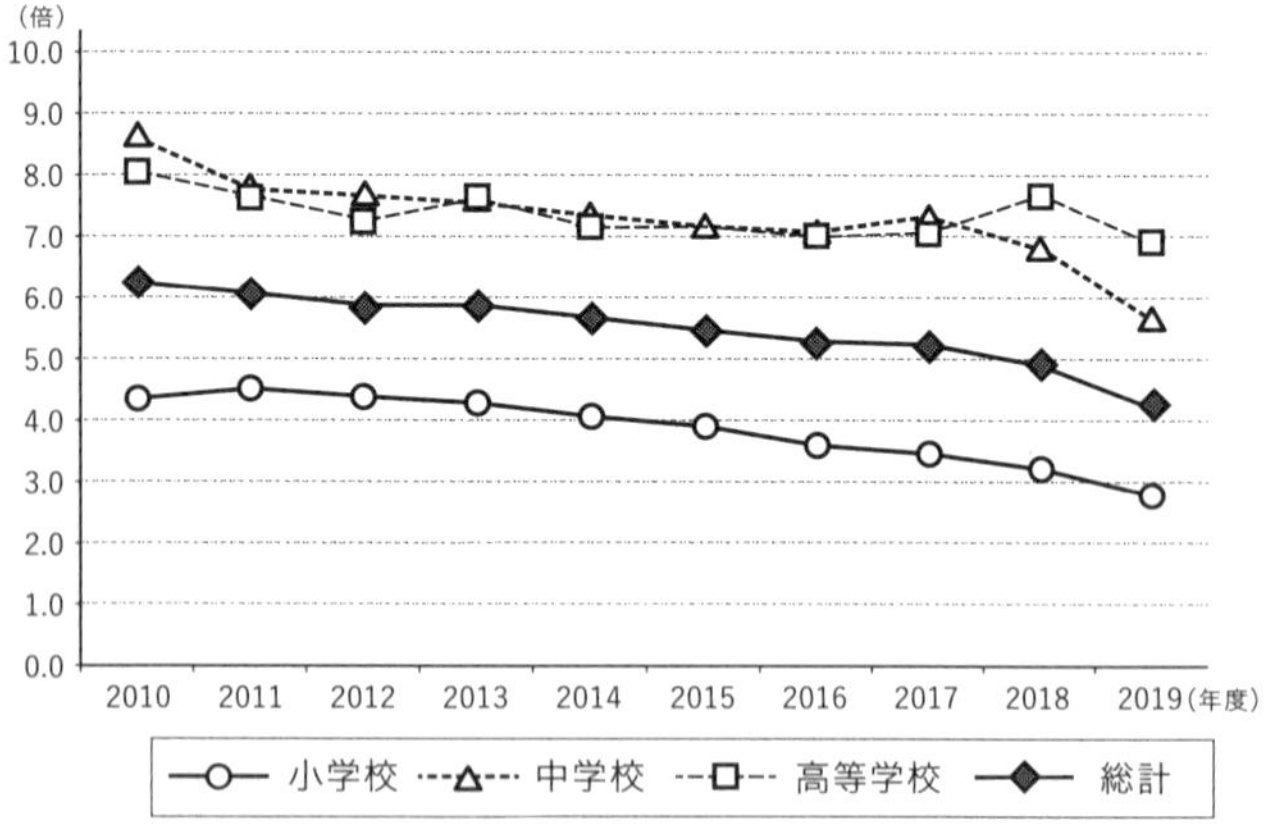


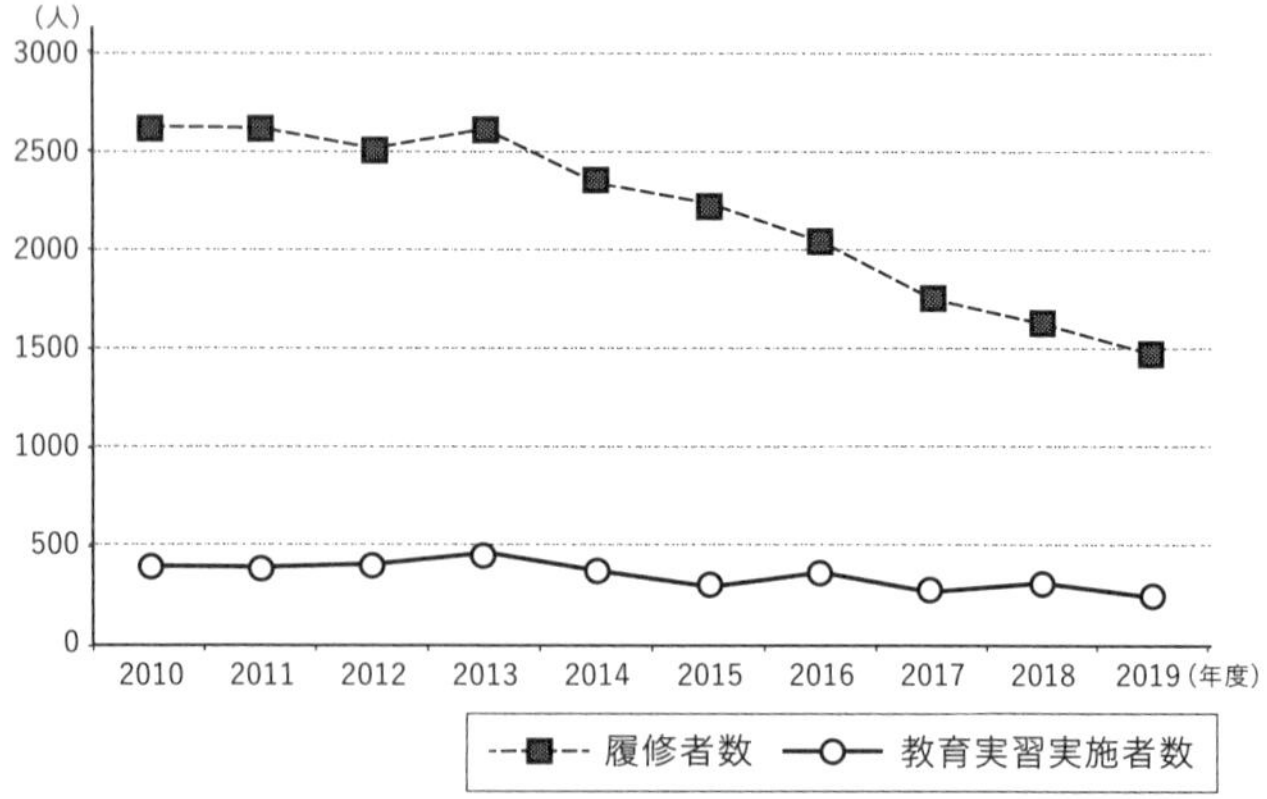


(「明治大学における教職課程履修学生の教職に関する意識」〔伊藤2020〕)

**図表4-2　大分県の教員採用試験の実質倍率**

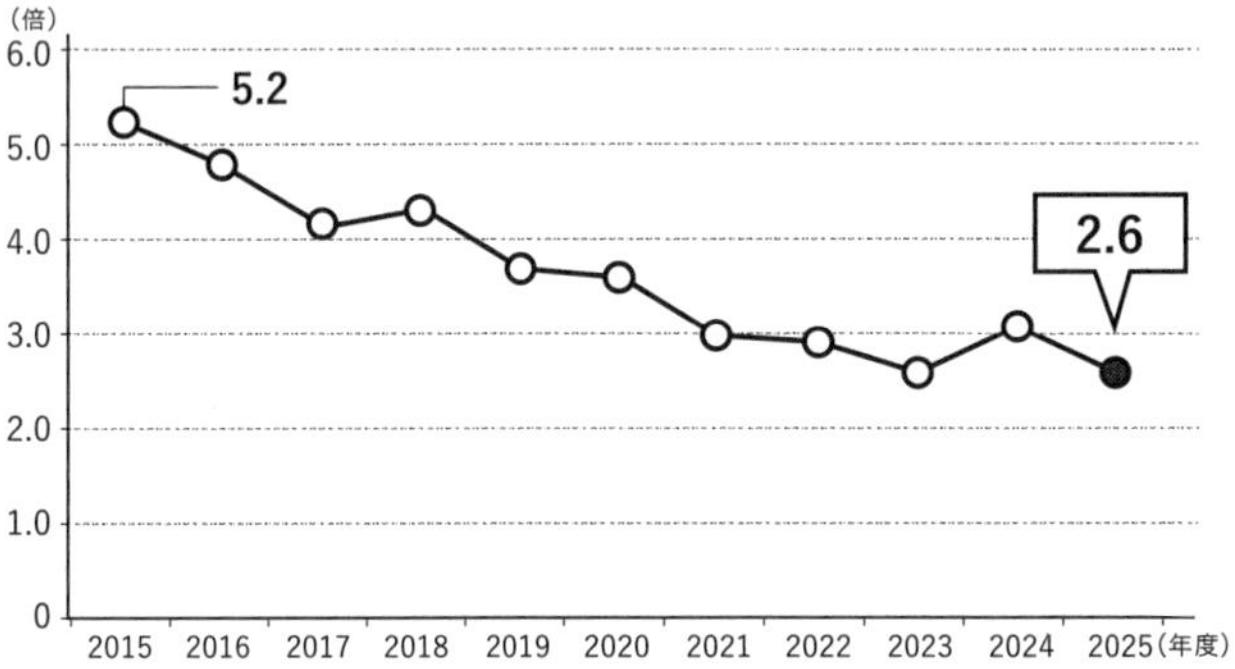


(大分県大分合同新聞)

全国の教員採用試験の倍率の低下傾向も進んでいます。

たとえば、2025年度の大分県の教員採用試験では実質倍率は2・6倍と、10年前の半分の数字です(図表4−2)。採用予定数は496人で2024年度から15人増えたのに対して、受験者は1062人で201人減っています。校種別の実質倍率は▽小学校=1・3倍(24年度比0・2ポイント減)▽小中学校連携=3・5倍(同1・0ポイント増)▽中学校=2・8倍(同0・6ポイント減)▽高校=5・8倍(同2・6ポイント減)▽特別支援学校=1・5倍(同0・6ポイント減)。この結果を受けて一部の校種では都内と大分県にて初の秋選考を11月、12月に実施する予定だそうです。(『大分合同新聞』2024年9月3日付)

これは大分県に限ったことではありません。全国的に見ても倍率低下は共通しています。それを受けて教職教養試験の廃止や受験年齢制限の撤廃、講師経験者

**図表4-3　離職の理由別離職教員数（公立中学校）**

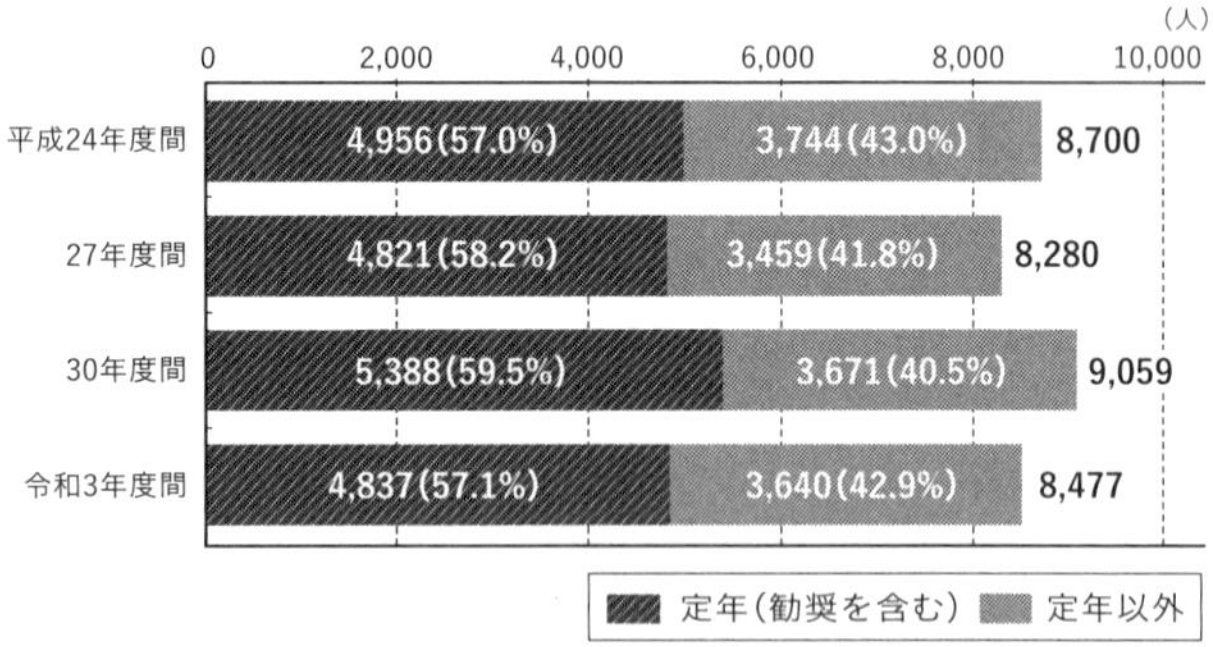


（文部科学省）

の試験科目の免除などさまざまな取り組みがされています。

さらに公立中学校の場合、平成24（２０１２）年度からの推移を見てもその数字や割合、退職理由についても大きな変化はありません（図表４－３）。

また、読売新聞オンラインの記事、「新人教員の４・９％が1年以内に離職…３年連続の増加に都教委『安心して働ける環境整えたい』」（２０２４年４月25日付）によると、都教育委員会は２０２３年度の新規採用教員のうち１年以内に離職した教員の割合が４・９％に上ったと発表しています。３年連続の増加で、記録の残る２０１４年度以降で最も高い数字とありますが、新人教員の離職率は、民間の平均（12・０％）と比べて低い傾向にあります。

このような数字を見ると、教員を志す人は減っているものの、一度就職したら辞める割合が他業種と比べ、非常に少ない職業であると言えます。

いま、教員の働き方についてネガティブなイメージの報道がされている真っ只中であります。志をもった人がひとりでも多く、教員を安心してめざすことができるよう、教職に携わる人たちが持続可能な形で勤務することができるような環境整備と、社会全体で教育現場を支えていくことが急務であると思います。それこそほんとうの「教師のバトン」ではないでしょうか。

## 学校に求められる教育そのものの変化

令和6（2024）年9月18日、文部科学省より「今後の教育課程、学習指導及び学習評価等の在り方に関する有識者検討会　論点整理」が発表されました。この資料に基づくと、どのような教育のあり方がいま、めざされているのか考えるための拠り所となります。第2章でも述べましたが、児童・生徒を取り巻く環境が近年劇的に変化しているなか、どんな学校や教員が求められていくのか、この機会に捉え直してみようと思います。

### ＊これからの社会像に即したビジョンを学校と教員がつくりあげていく

現在の日本は人口減少・少子高齢化や地球環境の有限性等が顕在化しています。そのため、近年では持続可能な社会づくりが世界規模の動きとして訴えられてきました。このままでは、労働人口の減少により、日本が立ちいかなくなってくることは周知の通りです。

一方で、well-being――個人や社会の良い状態。健康と同じように日常生活の一要素であり、社会的、経済的、環境的な状況によって決定される――も求められており、より幸福で豊かな人生を歩んでいくために、一人ひとりの才能を見出し、伸ばしていけるような環境が一層学校に求められてくるでしょう。しかし、一概にwell-beingといっても簡単なことではありません。以下、具体例を挙げて論じたいと思います。

たとえば、「外国人児童生徒等教育の現状と課題　令和4年度　文化庁日本語教育大会（WEB大会）文部科学省総合教育政策局国際教育課」によると、日本語指導が必要な日本国籍児童生徒は約10年間で1・7倍に増えており、近い未来、ますます教室での多様化は拡大していくことが推測されます（図表4－4）。

実際に私の子供の例を挙げます。住んでいる地域の特性もありますが、通っている保育園の園児の半数近くは日本の国外にルーツをもつ子供たちです。私が小中高校生のころは、日本国外にルーツをもつ人と一緒に学ぶことはとても珍しいことでした。ひとクラスにひとりいるかどうかという状況だったことを覚えています。

しかし、息子は当たり前のように「友達」として過ごし、特別視することなく、日々の保育園であった様子を楽しそうに話してくれます。人種や民族といった「違い」について息子から

**図表4-4　公立学校における日本語指導が必要な児童・生徒数の推移**

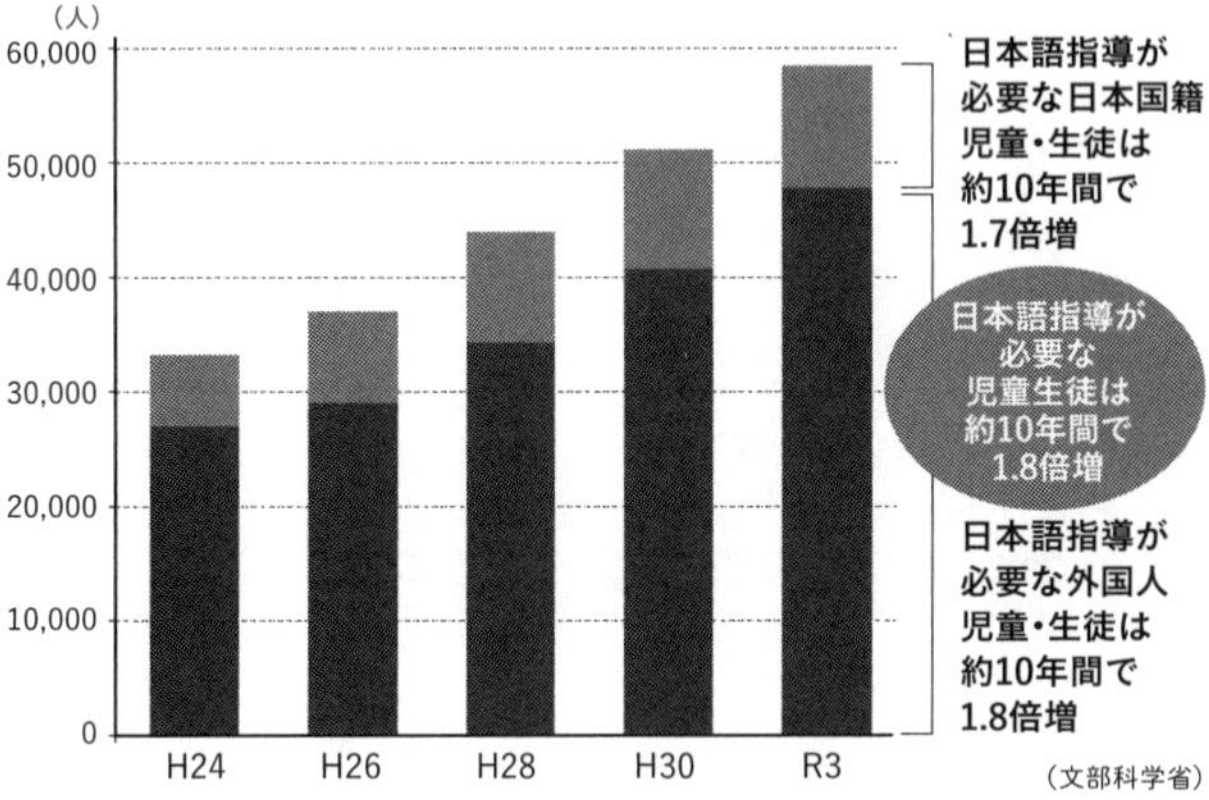


は感じることはほぼありません。ひとりの「級友」として尊重し、接している様子が感じ取れます。

このような状況はもう特別なことではありません。これからはさまざまな国や地域にルーツをもつ人たちと「共生」していくとともに、互いの強みを寄せ合い、資質・能力を高め合っていくことが必要不可欠でしょう。

さらに、特別な才能をもったいわゆる「ギフテッド」と呼ばれる子供たちや不登校児童生徒、特別支援教育の対象となる生徒等、多様性がなお一層顕在化していくでしょう。

このような背景から、学校には次のような姿勢が求められると、私は考えます。

**●多様化した社会やその子供たちがより良い学びを追究し、世界や暮らす地域特有の課題を解決**

できるような学校の教育目標やカリキュラムの策定

これを受けて、教員には次のような姿勢が求められます。

●多様化した社会を生き抜くために必要な資質・能力とは何かを問い直し、目の前の生徒たちが主体的に未来を切り開くことができるような個別最適な学びの実現

このようなビジョンを実現するためにはどのような施策が求められるか、具体例を挙げながら、検証と精察を繰り返し、目の前の生徒に即した教育活動を展開していくべきでしょう。一番に学ぶべきは、毎日の学級や授業において出会う生徒たちです。教員は生徒たちの発言や表情、態度や記述などから多くのことを学ばせてもらっています。この生徒たちが安心して学び、自己成長を実感できるよう、学校や教員は「ビジョン」に常に立ちかえり、目標に沿った行動が求められるでしょう。

＊開かれた学校教育の実現に向けて

開かれた学校教育というと、皆さんはどのようなイメージをおもちでしょうか。今回、それについて考えるため、コミュニティ・スクールを例に挙げます。

コミュニティ・スクールとは、「地方教育行政の組織及び運営に関する法律」第47条の５に規定する「学校運営協議会」を導入している学校のことをいいます。

学校運営協議会とは、学校運営に対して保護者や地域住民が参画し、教育に対する課題や目標を共有、熟議することで、地域と一体となって子供たちを育む学校づくりをすすめる仕組みです。そのため、学校運営協議会は、コミュニティ・スクールの中核を担う合議制の組織となります。

（参考：https://www.city.tsukuba.lg.jp/soshikikarasagasu/kyoikukyokushogaigakushusuishinkagyomuannai/cs/about_cs.html）

文部科学省が公表した「令和５年度　コミュニティ・スクール及び地域学校協働活動実施状況調査」によると、令和５（２０２３）年度のコミュニティ・スクール導入校は１万８１３５校で、前年度より２９１４校の増加となり、導入率は52・３％と半数を超えています。

導入自治体も１３４７自治体で導入率74・３％となり、７割を超える自治体がコミュニティ・スクールを導入していることが読み取れます。

背景としては、２０１７年の「地方教育行政法」の改正では、教育委員会に対してコミュニティ・スクールを設置する努力義務が示されたことがあります。それにより、導入する地方自

図表4-5　コミュニティ・スクールとは

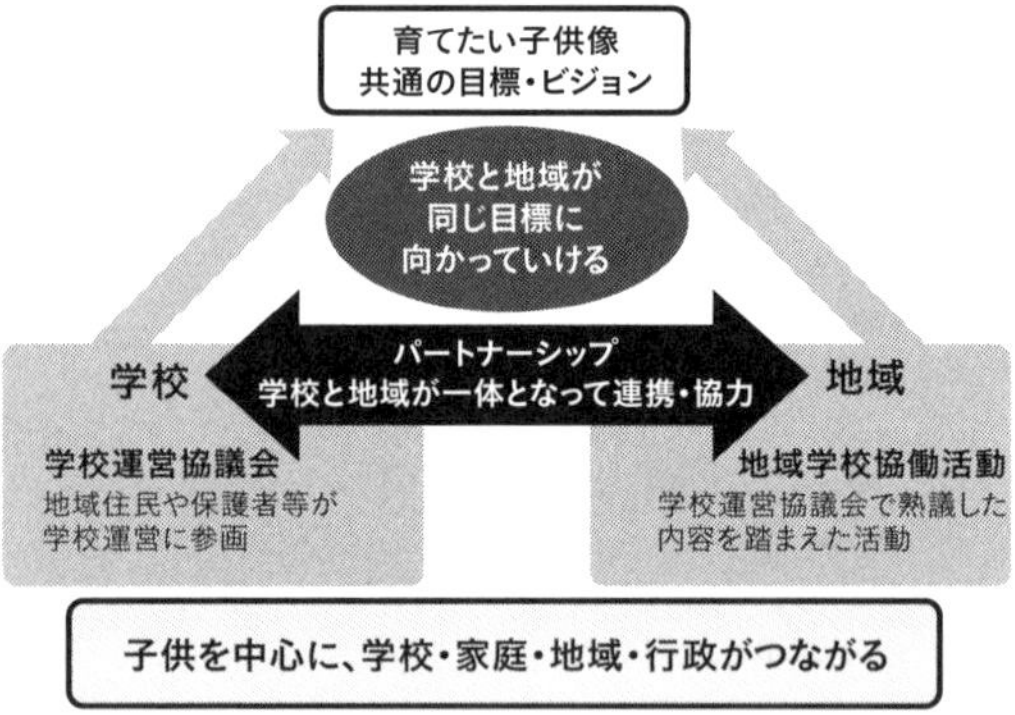


（つくば市教育局　生涯学習推進課）

治体が急増しています。また、学校の統廃合が全国で急増しているなか、より地域の「核」として学校の役割が期待されていることもあると思われます。

コミュニティ・スクールの設置により、どのような効果が現れるのか。具体的には次のようなことが挙げられます。

まずは、地域と学校との組織的・継続的な体制を築き上げることが可能になることです。

これまでは教職員の人事異動等もあり、なかなか学校と地域の持続的な協働は進んでいませんでした。PTA活動の一部、または一部の熱意ある教員によるものが大きいことから負担感の増大や、持続可能性という点で問題がありました。

しかし、コミュニティ・スクールの導入により、中心となって活動する教員の負担が減って持続可能性が高まり、校長や教員の異動があっても、地域と

### 図表4-6　令和5年度のコミュニティ・スクールと地域学校協働活動実施状況調査

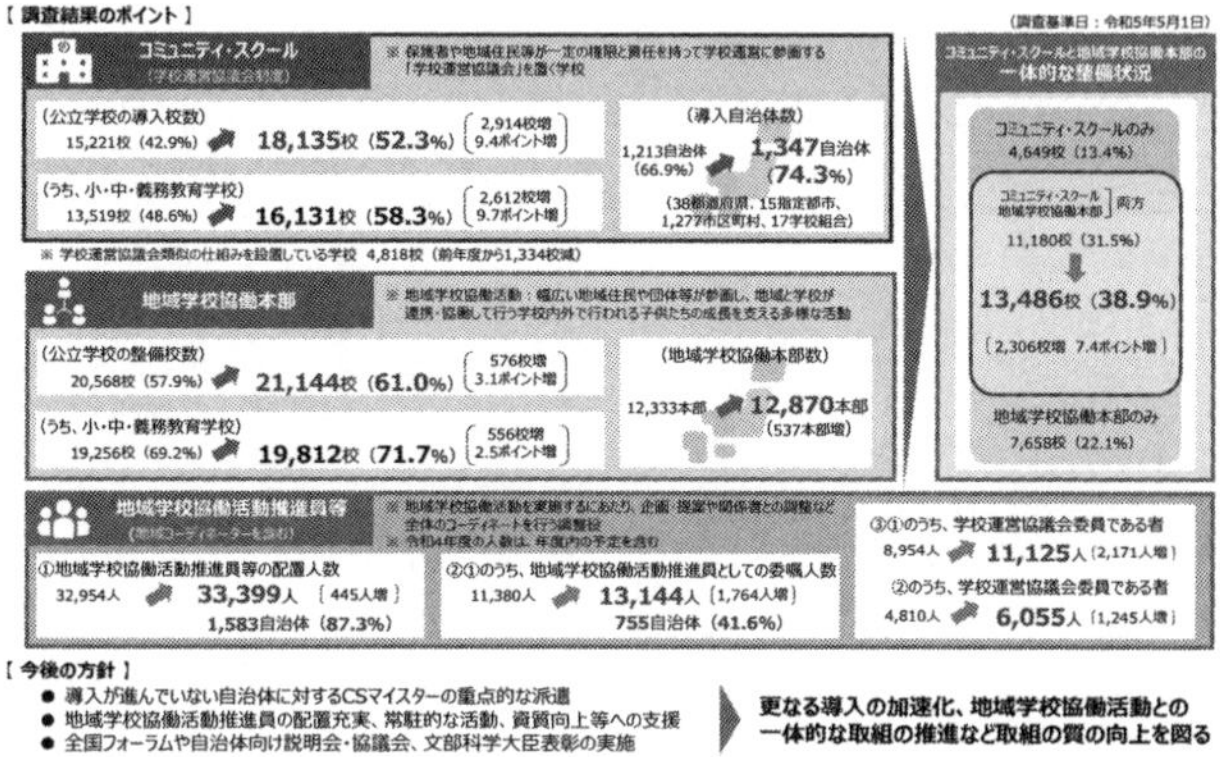


（文部科学省）

学校が継続的に協働することができるようになります。

　次に、保護者や地域住民の学校に対する当事者意識が高まることも挙げられます。

「開かれた学校」をめざして、地域と学校が当事者となって学校運営に携わり、同じ目標に向かって協力することで、地域住民も当事者として取り組めるようになり、真の教育活動における連携・協働につながることでしょう。

　さらには、学校が地域ネットワークの中心となって連携を進めることにより、「学校運営協議会を中心に地域のみんなで学校を営む」という意識が浸透することが期待できます。

　学校や地域に対する理解が深まることで、家庭教育との相乗効果が生まれることが期待されるでしょう。

一方で、私の勤務しているような私立学校においては、コミュニティ・スクールは適用されません。

しかし、私立は伝統的に保護者との結びつきが強く、PTA活動がさかんです。また、学校公開を定期的に行い、授業参観や学年ごとの情報交換会を積極的に行っています。保護者会主催の講演会や大学見学会も実施しています。

このように、私立学校であっても、学校行事の運営を協働して行ったり、教育活動を常に公開したりすることで、強固な信頼関係の構築につながるのではないかと思います。

つまり、公立学校・私立学校問わず、学校を社会と接続する基点として捉え、常に社会に開かれ、地域の人々の交流を促す状況をめざす動きが求められているのではないでしょうか。

このような時代の潮流を意識し、教育活動を展開していかないことには、将来の学校の発展はないでしょう。

これは、学校運営に限った話ではありません。我々教職員にも同様の考え方が求められます。

私を例に述べたいと思います。たとえば、授業をつくるにあたって、専門的な知見を得るために、大学や研究機関等と連携することがあります。また、最先端の手法や研究結果に触れるために各種オンラインセミナーや所属団体の研究会へ出席しています。さらには、前述したように長期休みなどを活用した史跡・博物館等を巡るフィールドワークを行っています。可能な範囲でほかの学問分野に触れたり、教育現場以外の方と触れ合ったりする機会を増やすことで、新たな世界観に触れられるように努めています。

すべてに共通するのは、自らで完結せず、常に外の世界から学ぼうとする姿勢を絶やさないことです。自らも学びつづける「アクティブラーナー」である教師でいることが重要であると私は考えます。

学校は閉じられた空間ではいけません。社会に開かれた空間であるべきです。

生徒たちは学校の外に一歩出ると、社会と接続し、その影響を受けながら生活しています。学校が社会から隔絶された空間では、児童・生徒の健全な発達を阻害してしまいます。

ここで触れた状況は待ったなしで進んでいきます。従来型の教育をしていては、激変していく社会の潮流に教育現場が取り残されてしまいます。さらには、社会に出て未来を切り拓いていく子供たちの将来にも大きな影響を与えてしまうでしょう。

# 第5章　学校現場の未来の働き方について考える

永井 崇

ここまで教員の勤務の実態について述べてきました。ここからは、学校現場（教員も含め）の課題を課題だけに終わらせず、どうすればより良い環境のなかで、教員が本来の業務とする授業等に専念できるかを、私自身の授業実践やほかの事例を紹介しながら述べていきたいと思います。

## 何から手を付けるべきか

学校現場で起きているさまざまな課題を受けて、何から手を付ければ良いのか自分なりに考えてきました。最も喫緊の課題は「業務の改善」だと思っています。

なかでも深刻なのは、教頭の業務改善です。月ごとの時間外勤務時間を調べてみると、100時間を超えている割合が一定数見られます。なかには100時間を超す状態が3ヶ月にわたって続いている教頭もいます。100時間と簡単に言ってしまいましたが、授業日を20日とすると毎日5時間以上時間外勤務をしていることになります。

朝、学校の解錠や見回りなどで1時間早く来るとすると、勤務時間終了が繰り上げられるので、勤務時間が終了してから「6時間」以上働いています。これは、単純に帰宅時刻が20時過ぎになってしまうということになります。

これが1ヶ月にわたって続く状況を同僚の教員が見たらどんなことを思うのでしょうか。教員になりたてのころの私も教頭の業務量の多さから「絶対に教頭になりたくない」という思いを常にもっていました。

では、教頭はどんな業務をこなしているのかを確認してみたいと思います。

学校によって違いはあると思いますが、朝は学校の解錠から始まり、校舎内外の巡視と整理整頓、電話対応、書類の準備、湯沸かしなどだと思います。

放課後には、校舎内外の巡視、電話対応、教員への指導助言や保護者対応、文書処理等の業務をこなし、それを終えてから帰宅することになります。

このほかに授業を担当していれば授業の準備、生徒指導上の問題があれば、その対応が加わります。

数ある教頭の業務のなかからおもなものだけを挙げましたが、じつに業務が多岐にわたっていて、まさに扇の要として、学校を支えているということを理解していただけるのではないでしょうか。だからこそ、子供たちや教員が安全・安心な学校生活、業務を行えるのだろうと思います。

もちろん、これらの業務に教頭は責任をもって取り組んでいるので、仕事に対するやりがいを感じていることと思います。

ここで視点を変えて、教頭の一日の様子を教諭等の立場から見てみましょう。教頭の姿はどんなふうに目に映るのでしょうか。教頭の活躍ぶりを見て、頼りがいがあるという見方もあると思いますが、一方で、多忙すぎて「教頭になりたい」と意欲を高める教員がどれくらいいるのかなぁと不安にもなります。

そのことを物語るように、このところ教頭を志す教員が激減しています。もっとも、教頭考査を受けられる年齢でもある30代後半から40代のミドルリーダーと呼ばれる教員の採用が人数が少ないことも影響しているとは思いますが、それを考慮しても都道府県によっては、定員にも満たない状況が発生していると耳にします。きっと、教頭の業務の現状から敬遠されているのだろうと推測されます。

このことでどんな影響が出るのか考えてみます。教頭のなり手がいないということは、教頭になりたいという人がいないわけなので、教頭は校長になりにくくなるということになります。なぜなら教頭の後任がいないからです。

また、校長も次の校長のなり手がいなくなるわけなので、辞めることができなくなり、現状60歳で役職定年を迎えるのですが、今後役職の延長ということも予想されることになります。実際、特例任用校長の任用期間が、1年間だったのが2年間に延長されはじめています。

このような状態が続くと、教育界に新しい風が入りにくくなり、「教員の常識は社会の非常識」という旧態依然の状況が持続され、社会からも取り残され、ますます将来的に教員をめざそうという人たちが減少してしまうのではないかと危惧されます。

直ちに、教頭の業務改善に取り組む必要性を感じます。そのためには、これまで当たり前のように教頭の業務と思っていたことを根本的に考え直すことが先決です。

たとえば、校舎内外の巡視です。何も教頭だけが行うことではないと思います。全職員で手分けして、各々の担当する箇所をしっかりと確認すればいいのですから。

また、教頭の〝専権事項〟とされている学校の施錠や解錠についても輪番制にするなど、検討の余地があると思います。

教員のなかには、校舎の機械警備のやり方もわからない人もいます。いざというときのために、普段から全員が解錠・施錠の仕方を理解しておけば、教頭だけに頼ることなく教員自身で対応することができると思います。また、校長の多くは教頭を経験しているので、校長が行っても良いと思います。

ただし、この場合は、教頭から校長に申し出るのは勇気がいることなので、校長から教頭への「心配り」「気配り」が大切になってくると思います。

私が校長の際に実際に行っていたこととしては、教頭が出張に行ったときに、そのまま直帰してもらいました。加えて教頭が単身赴任だったこともあり、毎週金曜日は早い時間に家族のもとに帰られるよう、教員全員で施錠をするようにもしました。

また、おもに校舎周辺のごみ拾いや外から見ての施設の安全確認、来客対応も私が行っていました。さらに、児童理解を図るために、あまり推奨されることではありませんが、私は、教科と単元を決めて、授業もさせてもらいました。そのため、子供たちと比較的近くで接することができました。児童数が少なく生徒指導上の問題もほとんどなかったこともあり、私が校長を務めた学校では、教員は基本的に18時には退勤していました。それでも、時間外勤務時間が1時間半になってしまうのですが……。

教頭自身も意識を変える必要があると思います。それは、教員が仕事を終えて退勤するまで学校にいなければならないという考え方です。管理職という立場上、気持ちは理解できるのですが、ときには、自分の仕事が早く終わります。そのようなときは、積極的に早く退勤をし、体調を崩さないように就寝することや自分のやりたいことに没頭することが大切だと私は思います。

私も教頭のときに感じたことですが、教員たちを残して退勤することに罪悪感を覚えてしまったり、退勤したあとに何かあったらと不安になってしまったりしました。

しかし、冷静に考えてみると、勤務時間は終了しているのです。何か重大なことがあったとしても、勤務時間を過ぎているのですから、とやかく言われる筋合いはないと思います。

もし、どうしても教員たちを残して退勤することが難しいのであれば、終了時刻を明確にすることです。はっきりと「今日は○時に施錠します」とひと声かけることで、だらだらと仕事をせずに短時間で取り組むことにもつながると思います。ぜひ、実践してほしいと思います。

## 教員の立場から授業というものを考える

これまで教頭の業務改善について述べてきましたが、ここからは教員が何をすべきなのか考えていきたいと思います。

学校現場でよく耳にする言葉に「これまでは○○してきました」「昨年（これまでと）と同じように」などがあります。私自身も何度もこの言葉を使って救われ、一方で、何度となくやりたい業務を妨げられてきました。

もちろん教育の世界のなかにも不易と流行があり、変わらないもの、変えてはいけないものがあることを否定はしませんが、変えなくてはいけないものも多数あると私は思っています。

代表的なものとしては、まず授業が挙げられます。

私たち教員の仕事は授業を行うことです。さらに付け加えるとすれば、授業が教師主導のものなのか、あるいは、子供たちが自ら意欲を高め、「知りたい」「なぜだろう」と考えることが

**写真5-1　約150年前（明治10年）の授業の様子**

（国立教育政策研究所　教育図書館）

できる授業なのかで、子供たちに与える効果は大きく違ってきます。深く考えていない教員も多いと思いますが、「いま現在あるべき授業のかたち」、即ち「授業スタンダード」が旧態依然としていたり、明確に定められていなかったりすることがのちのち大きな影響を与えることになります。

写真５－１は約１５０年前の明治10（１８７７）年の授業の様子です。学制が交付された５年後です。小学校六年生の歴史教科書で目にした方も多いのではないでしょうか。

教師は子供たちのほうを向き、掛図に書かれた絵を指し、説明をしているのだろうと思われます。子供たちは、全員が教師のほうを向き、真剣な表情で教師の話を聞いているように見えます。

恐らく、この絵を見ても大抵の方は違和感を抱かないだろうと思います。なぜなら、誰もが学校で受けてきた馴染み深い授業の光景だからです。ただし、繰り返しますが、１５０年前の明治時代の様子です。

何を言いたいかというと、アナログからデジタルに時代は変わり、難病と言われた病気も治せるようになり、現金がなくても物が買え、物を買うにもお店に行く必要もなくなった時代においても、授業のスタイルは変わっていないということです。明治から令和になってもです。

皆さんはこのことに危機感を覚えませんか。

さらに疑問を抱くのは、この明治の授業のスタイルは完璧なもので、決して変えてはいけないものなのかということです。年間１０００時間を超えるすべての授業でとは言いませんが、そろそろ真剣に授業のあり方を変えることを考えるべきだと思っています。

もちろん明治という時代にあった我が国では、この指導法が良かったのだろうと思っています。なぜなら、江戸から明治になった当時、西洋の文化を取り入れ、政府は殖産興業や富国強兵といった政策を推し進め、急速に西洋に追いつかなければならない時代でしたから。時間がなく、焦りがあったのだろうと思います。

また、知識がないところからは、応用や発展という広がりは難しいので、まずは知識を詰め込んでいくということが先決だったのだろうと思います。

しかし、現在は、そうではありません。知らないことも調べようと思えば、スマートフォンに話しかければ答えを教えてくれるし、計算も計算機等が行ってくれる時代です。どこに出かけるにも、交通網は発達しているし、自動車だってあります。実際に現場や現地に行かなくても、インターネットを活用すれば、図書館や資料館のなかに入ったのと同じような体験をすることができます。最大の懸念は、児童・生徒の数が大きく減少してきていることです。

なのにどうして授業のやり方は旧態依然としているのでしょうか。考えられることは、先に述べた「授業スタンダード」の影響や、教員が自分の授業スタイルを変えようとせず、進化を止めてしまっていることだと思います。そしてその背景には、ゆとりがないことや学校現場の風土があると思います。

## 行政の役割

ゆとりがないということとは、ここまで述べてきたように、日々の業務の多さに忙殺され、新しい授業のスタイルについて研修を受けたり、自分で学んだりする時間がないということを意味します。

加えて、国や市町村から、大切なことは理解できますが、通常の授業に加え放射線教育、防災教育等を行うことを要請されたり、市や外郭団体等から研究指定校等に選ばれたりすると、研究に向けて教育課程等の見直しなどの業務が発生します。さらに公開授業等を行うとなると、会場を設営したり人を迎えたり、作業が増えます。さらに放射線教育や防災教育等はすぐにやめるわけにはいかず、継続しなければならないことも負担増の原因のひとつになっています（防災教育は大切だと思います）。

ただでさえ日常の業務で忙しいのですから、もう少し考える必要があると思います。

これまでも多くの先輩たちが訴えてきたように、新たな取り組みをするならば、やる必要がなくなったものに関しては、取りやめるべきだと思います。

わたしは現下、行政という立場におりますが、一緒に仕事を行っている同僚がよくこのようなことを言います。「事業や取り組むべきことに予算がつかなくなった時点で、やめるべきだ」と。その通りだと思います。

行政側にいる人が、事業を継続しようとあちらこちらから予算を集め、これまで通りに取り組めるようにすることは大変ありがたいことです。しかし、却ってそのことが学校現場を窮屈にしてしまい、スクラップすることができなくなっていると感じます。思い切って〝やらない〟ことも選択肢のひとつに加えてほしいと思います。それによってどれだけ学校が変わるのか、大変興味があるところです。

## ベテラン教員の弊害

もうひとつ、学校現場の風土について触れます。とくに経験年数の長い教員に見られることですが、「自分が絶対」という考え方が横行しています。校内での授業研究での話し合いや生徒指導上の問題が起こったときなど、当事者の教員は多くの同僚や上司から意見を聞きます。一方で訊かれたほうは専門教科が違っていたりする場合や、自分が担任していない学級には口出しが難しかったりして、なかなか本音が言えません。そんな状況下、とくに若い教員が直面した問題に対して、ベテラン教員が自分のやり方を強要して、ダメ出しをする。ときには、ベテラン陣が束になって若い教員に襲いかかる。これでは、若い教員はたまったものではありません。病気になるのも理解できます。

私はこれまで自分の授業を自画自賛するような教員で、素晴らしい授業をしている人には会ったことがありません。本当に上手な教員は、謙虚に日々精進しているものです。

さらに、勤務年数が長くなればなるほど発言権や影響力があるということも問題です。「これまで通りやればいい」という考え方と関連してきますが、勤務年数の長い教員からたとえば運動会について、「運動会はこれまではこのようにしていました」と言われたとします。もしそれを変えたいと思ったなら理論武装して、相手を納得させることができなければ、結局、寄り切られてしまいます。

多くの場合、理論武装という労力を選択して事を荒立てるよりは「長い物には巻かれよ」という考え方をする教員のほうが圧倒的に多く、結果、これまで通りということになってしまいます。

学校が変わらない、教育が変わらない、と言われる所以《ゆえん》だと思います。

もういい加減に学校の取り組みに対して、是々非々で判断すべきだと思います。たとえば運動会。多くの人たちに見守られることで、子供たちの頑張ろうという意欲が高まり、入賞したときの達成感や充実感は何にも代えがたい喜びです。その一方で自分たちの出る競技以外の多くは待ち時間です。しかも、最近は春や秋でも気温が高く、熱中症のことも心配になります。練習にもそれなりに時間を要します。

費用対効果ではありませんが、時間をかけた分の学びや成果が得られているのかなと疑問に思います。十分に学びや成果を得ていると言い切れれば、問題はありませんが、保護者や地域の人々を交えながら、運動会のあり方を考えていくことも大切だと思います。

文化祭や学習発表会についても、同様だと思っています。もう一度、ねらいや目的、そして、その効果についても検証し、本当にその行事でしかねらいや目的の達成が期待できないのかを検討していくべきだと思います。

何事も変えるには「労力」と「時間」が必要ですが、戸惑うのは変化したことに慣れるまでの間です。教員の本業は何かを振り返り、何に時間をかけていくかです。決して、学びを止めてはいけないと思います。

## 「教員こそが子供の学びを変える」との意志をもちたい

先ほど授業の形が明治時代から変わっていないという話をしましたが、令和に入り「令和型の学び」が叫ばれるようになり、「探究型の学習（自ら問いを立ててそれに対して答えていく学習）」や「個別最適な学び（各児童・生徒の学習進度や個性に合わせて学びを深めること）「自由進度学習」（P178参照）などという言葉をよく耳にします。どの授業を行うにも、これまでの教師主導の授業では、少々無理があるように思えます。大切なのは、「学びたい」「知りたい」「どうして」という子供たちがもっている知的好奇心に火を着けることです。火を着けることができれば、たとえ子供であっても大人以上の深い学びが可能だと思います。

話が逸れてしまいますが、テレビ朝日系列局で毎週土曜日に放映している『サンドウィッチマン&芦田愛菜の博士ちゃん』という番組があります。毎回いろいろな「博士ちゃん」が登場し、大人顔負けの知識や技能を披露してくれます。子供であっても、環境を整えてあげることで、自分の疑問や知りたいことに向かってひとりで追究していくことができることを証明してくれている番組だと思います。まさにこれからの学びです。

授業とは本来、子供たちが課題に向かって動き出すきっかけをつくってあげることや可能性を広げてあげることだと強く私は思っています。それが教師の役割なのだと思います。そういった使命感を忘れないでほしいと思います。

併せて、働き方改革を進める本来の目的は、教員が楽をすることではなく、教師として本来行うべき業務に時間をかけたり、専念したりすることだと思います。そのために、ここまで述べてきた〝余計な〟業務を減らすなど、教員の労働環境を改善することが必要だと思います。引いてはこのことが、持続可能な学校の実現につながると思います。行政側も学校の管理職も教員自身も、そして学校のある地域の大人たちも何が大切で何を改善すべきなのか、この機会にしっかりと見極めてほしいと思います。

## 学校現場のパワハラ

このところずっとある県の知事のパワーハラスメント問題が取りただされています。権力をもっている立場の人は、言葉一つひとつを吟味して使用することの大切さを学んでほしいものです。

知事問題はさておき、学校現場でもパワハラ調査が実施され、根絶に向け取り組んでいるところだと思います。この動き自体は大変素晴らしいことです。20年前では考えられなかったことです。パワハラを見て見ぬふりというのは当たり前でしたから。

しかし、このパワハラに対して一番過剰に反応しているのが管理職ではないかと思います。言いたいことの半分以下しか言えないというのが本音ではないでしょうか。実際、私自身も管理職として教員を指導する際には、言葉を選びながら行いましたが、現代の管理職に誤解してほしくないのは、伝えるべき内容についてはしっかりと伝えねばならないということです。もちろん、言い方や場所は選ぶべきです。また指導の際、あまり遠回しに伝えると却って相手に伝わらなくなり、不信感を与えてしまうということです。しっかりと根拠に基づいて指導をすれば、相手も理解してくれます。

私はこのようなとき、必ず教頭を同席させ、客観的に見てもらうように心がけました。指導される側がパワハラと感じないようにするには、わかりやすく具体的に、かつ丁寧に伝えることです。これも働き方改革につながることだと思います。

## 教師の待遇改善に向けて

最近になってようやく教員の給与について真剣に議論されはじめ、多少の改善が図られるような見通しになってきました。しかし、期待されるほどの効果が出るのかは疑問です。現時点では、給特法——正式名称は「公立の義務教育諸学校等の教育職員の給与等に関する特別措置法」。公立学校教員を対象に、給料月額４％の教職調整額を支給する代わりに、時間外・休日勤務手当（超勤手当）を支給しないという特殊ルールを定めた法律――を改善し、給与の上乗せ分を基本給の４％から13％にする案が考えられているようですが、個人的にはなぜ残業代としないのか理解できません。たしかに勤務時間内で終わらずに、時間外まで業務を行う毎日ですが、教員のなかには、退勤時刻になるとしっかりと退勤する者も一定数おります。

この現実を踏まえると、退勤時刻に退勤する教員であっても「上乗せ分」がもらえることになります。時間外勤務をやってもやらなくてももらえるこの考え方はのちのち物議を醸すのではないでしょうか。正直、時間外勤務を行ったら、その分の報酬をいただくというのが原理原則ではないでしょうか。

給与という大切なところの議論を皆がもっと納得がいくような形にしていかないと、ますます教員不足が進むと思います。国は教育を軽く見ているような感じがしてなりません――本書校正中の２０２４年11月３日に共同通信が配信したニュースですが、公立学校教員の処遇改善を巡り、残業時間に応じた手当を支払う仕組みを導入する案が政府内で浮上し、関係省庁が検討を始めたそうです。採用されれば、残業代の代わりに一定額を給与に上乗せ支給する現行の教職調整額制度は廃止されることになるとのことです。勤務時間を反映した賃金体系へ変え、管理職に過重労働を抑える動機が働くようにするねらいがあるとされています。

また、待遇改善という点では、教員がもっと休暇を取得しやすい環境をつくるべきだと思います。私は、授業がある日に病院に行くことや体調不良以外で休暇を取ったことがほとんどありません。ずっとこのことを誇りや自慢に思っていました。

しかし、この背景には「休んではいけない」「休めない」という〝休み＝悪〟という考えが根強くあったのかもしれません。

私は現在、教育委員会に勤務していますが、教育委員会には学校からの出向で勤務している教員と、採用が市役所という行政の職員が混在しています。行政の職員は、本当に休暇を計画的かつ有効的に活用しています。教育委員会に勤務して間もないころは、「また休みかぁ」という冷ややかな目で見ていましたが、年末になり、彼らでさえ二十日間の有給休暇を消化しきれていない事実を知り、衝撃でした。

参考までに、私はこの年、夏季休暇を除いて休暇は五日しか取ることができませんでした。そのうち四日は持病の通院でした。このとき、行政の職員の確実に休暇を取る姿勢こそ、本来あるべきことなのだと思いました。

学校現場、とくにすべての教科を指導している小学校の担任は、休暇を取りにくい現状があります。休暇を取ってしまうことで、ほかの教員が自分の学級の指導をすることになり、貴重な空き時間を奪ったり、本来やろうとしていた業務をできなくしたりと、少なからず周囲の教員に影響を与えてしまうからです。

しかし、このことは、国や行政に関わる問題ではなく、学校のなかで対応できることだと思います。都道府県によっては、1ヶ月のなかで休暇を交代で取っているというところもあるようです。教員が休暇を取ることに消極的にならない環境づくりをさらに充実させる必要があると感じます。働きやすい職場になることで、教員を志したいという若者が増加するきっかけに発展すればと願っております。この点についてはぜひ、校長の力量を思う存分発揮してほしいと思います。

## これからの学び方に期待すること

明治時代から授業スタイルが変わっていないことは、先述してきた通りです。ここではこれからの授業のあり方について考えてみたいと思います。

教師主導による講義形式の授業は、いい加減考え直す時期に来ています。この形式だと教師が一方的に、子供たちに目標を伝え、教科書や自分のこれまでの経験に沿って授業を進めていくことになります。きっと時間通りに始まって、時間通りに終了し、子供たちは教師が黒板に書いたことを、ノートに書き写す作業に必死になり、教師からの発言も一問一答式で、言い換えれば、学ぶ意味を感じられずに授業が終了するという、最もつまらない授業になっているのだろうと思います。

このような授業に付き合わされる子供たちはかわいそうです。

これまでの授業を参観した経験から、中学校にこのような授業形式が多いように思います。さらに付け加えれば、このような授業をしている教員は「このあと入試が控えているのだから、学習内容を終わらせなければならない。仕方がない」と口を揃えて言います。入試を後ろ盾にして変えられない言い訳をしているにすぎないと私は思います。一日も早く、このような授業からの脱却を願うばかりです。

では、どのような授業がこれから主流になるのでしょうか。最近、よく耳にするのは、「自由進度学習」という言葉です。言葉が示すように、子供たち一人ひとりが自分のペースで一定のルールの下で学習を行うというものです。教師の役割は、「教えること」ではなく、「一人ひとりの学びをサポートし、授業のゴールまで導くこと」に変化しています。

このことだけを聞くと、難しい授業のように感じますが、慣れてしまうと授業の準備が減り、働き方改革にもつながるという画期的なものです。

さらに、学びの場が教室内だけに留まらず、自分の調べたい、やりたい内容によって場所を自由に選んだり、オンラインなどを活用したりして課題を解決していくという授業です。

このやり方だと、明治以来踏襲してき授業の形に当てはまらず、子供が主体の授業——子供が学び取る——になると思いますし、何よりも、教師の役割が大きく変わる画期的なものだと思います。大学でのゼミを思い浮かべてもらえると理解しやすいかと思います。

最近の授業（教師の役割）は、ここまで変わってきています。そろそろ令和型のスタイルにアップデートしていかないと、時代に乗り遅れる可能性があると思います。また、ここで紹介した授業以外にも、個別最適な授業についての実践例は、インターネット上でも見ることが可能です。

## 学級崩壊に現れた子供たちの可能性

教員の病休や離職が増加していることは第1章で述べました。その理由のひとつと思われるのが、教師の指導力不足です。子供たちをより良い方向に伸ばすことができないわけですから、子供たちにとっても大きな問題です。結果として、「学級崩壊」が起きてしまいます。

実際、子供たちが授業中にトランプをしていたり、教室内を走り回っている様子を見てきました。教師はそれでも授業を淡々と行っており、何人かの子供は教員の話を聞いてはいますが、多くの子供は遊んでいる状態でした。しかし、教師は注意をすることはしませんでした。指導を諦めているのか、気にしていないのか、私にとっては耐えがたい光景でした。

私が教師をやってきて唯一の自慢は、不登校児童やいじめ、そして、学級崩壊を一切出さなかったことです（学級崩壊している学級を途中から担任したことはあります）。

学級崩壊はなぜ起きるのか自分の経験をもとに考えてみました。私がそのような学級を担任したときの状態は、授業になると教室内でボールを投げる、歩き回るなどで、とても授業をするという感じではありませんでした。一方で、子供たちのもの凄いエネルギーのようなものは感じました。また、不思議と嫌な気持ちにはなりませんでした。

このようなこともあり、子供たちとの関わりのなかで大切にしたことは、対話でした。通常の学校生活ではあり得ないことを言ったり、行ったりしたときでも、まずはその言動に至った理由を聞くことにしました。また、働き方改革に反しますが、休み時間も一緒に過ごすようにしました。

そのなかで、子供たちはサッカーや鬼ごっこなど好きなことや、やりたいことには全力で取り組むことができることに気付きました。それを知ってから、まず自分の授業を変えてみることにしました――正直、私自身も教師主導型の授業を行ってきたことは否定しませんし、若かりしころは、ときに強引な進め方をしたこともあります。まずは、「子供たちに聞く」「子供たちの話をよく聞く」ことから始めてみました。

実際に行った授業でいまでも思い出すのは、小学4年生の社会科で福島県の地形がどのようになっているかという内容です。桜前線（桜の開花は南から北へ）を福島県に当てはめたとき、その理論に一部当てはまらない地方があることから、「問い」が発生しないかなと少々遊び心をもって授業実践してみました。

予想した通り、子供たちは「なんで？」という疑問をもち、次の活動に向けての指示をしなくても、子供同士での話し合いをしたり、自主的に調べはじめたりなど、自ら動き出しました。こうなると授業は教師が何も言わなくても進んでいくものです。

最終的に子供たちは、「標高」という視点に気付き、まとめることができましたが、彼らの表情からは、「そういうことか」と満足感や達成感を窺《うかが》うことができました。

その場に居合わせた教員も、いつも暴れている子供が真剣に学習する姿を見て、成長を感じたと喜んでいました。私も安堵した瞬間でした。

すべてがこのような授業ではありませんでしたが、そのうち子供たちから「先生の授業は楽しい」という声が聞けるようになり、学級もいつの間にか崩壊していたとは思えないほど落ち着きました。

このような姿から、子供たちは学びたいという強い気持ちをもっていることを感じましたし、きっかけさえ与えることができれば、自分たちで課題に向かって解決することができることを確信しました。

裏を返せば、教師が子供たちの思考の場面を奪っていたことになります。

任せる場面では、しっかり子供たちに任せて考えさせ、課題を自分たちで解決できたという経験を積ませることで、大きな自信や解決の仕方が身につくと思います。

話を戻しますが、このような状態になると指導は楽でした。さらに、保護者からも信頼され応援してもらえるようになり、教師としての喜びを感じながら過ごすことができました。

また、幸いこの子供たちとは、卒業まで関わることができ、小学校を立派に巣立っていく姿を見届けることができました。卒業式では大変感動したことをいまでも思い出します。

私自身もこのあと、教頭になり、この学校を子供たちとともに巣立つことになりました。

ここまで私の体験をもとに話をしてきましたが、あくまで私の成功例ですので、上述したように行えば良いということではありません。実態や状況等によっても異なりますので、参考例として受け止めてもらえればと思います。

ただし、はっきり言えるのは、「授業が変われば、子供たちも変わる」「教師が変われば、子供たちも変わる」ということです。

学級崩壊に陥ってしまう例はさまざまありますが、私がよく聞くケースは、学級の決まりやルールが厳しすぎたり、緩すぎたりする場合です。学級の決まりやルールはなくてはならないものですが、子供たちとしっかりと話し合いをしたうえで決めることが必要なのではないでしょうか。教師から一方的に決めてしまうと反発をかってしまうこともあります。

私たち大人もあまりにも決まりが多すぎたり、一方的に言われてしまったりすると面白くないし、守ろうともしないと思います。また、少なすぎると自由と勝手を履き違えて、何をやってもよいという勘違いを起こすものです。このことは大人だって同じだと思います。「自分が生徒だったら」ということを思い浮かべながら必要な決まりだけを設け、できるだけ決まりの数は少なくすることが必要だと思われます。

最後にひと言。私ひとりでは劇的に子供たちを変えることはできませんでした。管理職や同僚に多々助言をもらったり、協力をしてもらえたりしたことで、このような結果になったことを改めて付け加えておきます。

子供たちが教師の言うことを聞いてくれない、勝手な行動等をしはじめ、学級崩壊だなと感じたら、ひとりで抱え込まず、すぐに管理職や同僚等に「報告・相談」するよう心がけるべきです。どの学級も崩壊してしまう危険性を孕《はら》んでいるのですから、それは決して恥ずかしいことではありません。

## 根本太一郎

### 労働環境の変化と学校

「働き方改革」というものが始まり、5年が経過しています。

長時間労働に伴う複数の問題――過労死や長時間労働の改ざんなど――の是正、労働力の確保、非正規雇用の待遇改善、柔軟な働き方の実現等を目指し、2019年4月より「働き方改革関連法」が制定されました。時間外労働の上限規制の導入や不合理な待遇格差の禁止等、さまざまな改革が進められました。

さて、教員の労働環境はどうでしょうか。たしかに、時代の流れを受けて、部活動の外部移行や定時退勤日の設置、夏休みの空直日の確保等の動きが生まれてきました。また、校務や授業においてもDX――Digital Transformationの略。デジタル技術を社会に浸透させ、生活をより良くすること――化が進んできたことによる業務改善が進んできています。

しかし一般企業と比べると、その働き方改革の経過や待遇面良化等が十分に進んでいるとは言えません。

その根底のあるものは、教員の働き方に関するマインドセット、つまり心構えの問題であると考えます。そもそも、いま行っている仕事は何のためか。どうしてこの仕事を行う必要があるのか。児童・生徒のために本当に必要なものは何なのか……常に「なぜ」「そもそも」を上位目標にし、そのうえで自分の〝芯〟へと立ちかえる必要があると私は思っています。

教員が生き生きと働きつづけられ、それによって教員という仕事に大きな魅力があることを教員志望の学生たちが知り得るよう、以下では教員の持続可能な働き方の実現に何が必要なのか、考察していきたいと思います。

## 最上位目標に立ちかえること

学校にはさまざまな古くからの慣習が溢れています。「これまで当たり前だったから」という主張が通りやすく、行動規範となるケースが圧倒的に多いです。一種の同調圧力です。果たしてそれは、本来の教育の目的と合致しているのでしょうか。このような現象は授業の場面に限りません。学校行事や教師の態度・行動、教室環境等、いろいろなところで見られます。具体的な例を紹介していきましょう。

私が新任教員になった日に催された始業式のことです。全校集会で生徒は一糸乱れず整列をしています。私語は一切許されず、少しでも動いたり話したりしてしまう生徒がいれば、教師からの注意が飛び、静寂が続きます。

ちょっとの乱れも許されない、この空間に私は違和感を覚えるとともに、恐ろしさすら感じました。高圧的な態度での指導が許されること、画一的な行動を強いて、少しでもそれを乱すことは許されないなどに。

とくにこの傾向は、入学式や卒業式の際に顕著です。卒業式が始まる10分以上前から静寂のまま在校生を待つ場面を経験したこともあります。厳《おごそ》かな雰囲気をつくるために必要と聞いたこともありますが、そこまでずっと静寂を強いるのは必要なことなのでしょうか。私自身、息の詰まるような思いになったことをいまでも思い出します。こういった雰囲気をもとに、生徒が学校という空間を息苦しく感じたり、場合によっては適応しづらくなってしまったりすることもあり得るのではないでしょうか。少なくとも、私は教員になってからずっと、違和感を消し去ることはできませんでした。

授業でも同様のことがあります。

「先生の授業って受験に役立つのですか?」

これは実際に同僚の教員や研修会の場などでたびたび質問されることです。私はこれまでのような、教師が生徒に対して一方的に説明をしつづける授業はしません。説明は最小限に要約し、生徒間での話し合い活動をしたり、課題についてまとめ上げたりする時間を確保することに重きを置いています。また、どのような学びを得ることができたのか、振り返りの時間を重視しています。

しかし一方で「重要事項について教師がしっかりと説明することが必要だ」「問題演習の時間を多く取る必要があるのではないか」と同僚や上司、保護者から言われることもあります。たしかに、入試のためには、重要事項の理解に重きを置くことは必要不可欠です。しかし、本当にそれは生徒にとって〝本来の〟学びと言えるのでしょうか。これでは〝受験やテストのための〟学びです。

高圧的な指導で場を静かにさせること、受験のための授業をすること。果たして本来の教育の目的と合致しているのでしょうか。

ここで、「教育基本法　第1条」を確認してみます。

第1条　教育は、人格の完成を目指し、平和で民主的な国家及び社会の形成者として必要な資質を備えた心身ともに健康な国民の育成を期して行われなければならない。

これに立ちかえって考えると、先に記した高圧的な指導で場を静かにさせることや受験のための授業は、果たして本当に必要なのか、と大きな疑問符が浮かびます。受験はあくまで進路の実現の「手段」であって「目的」ではありません。

『学校の「当たり前」をやめた。』（工藤勇一　時事通信社）によると、「手段が目的化」して

**図表5-1　土浦日本大学中等教育学校の教育方針**

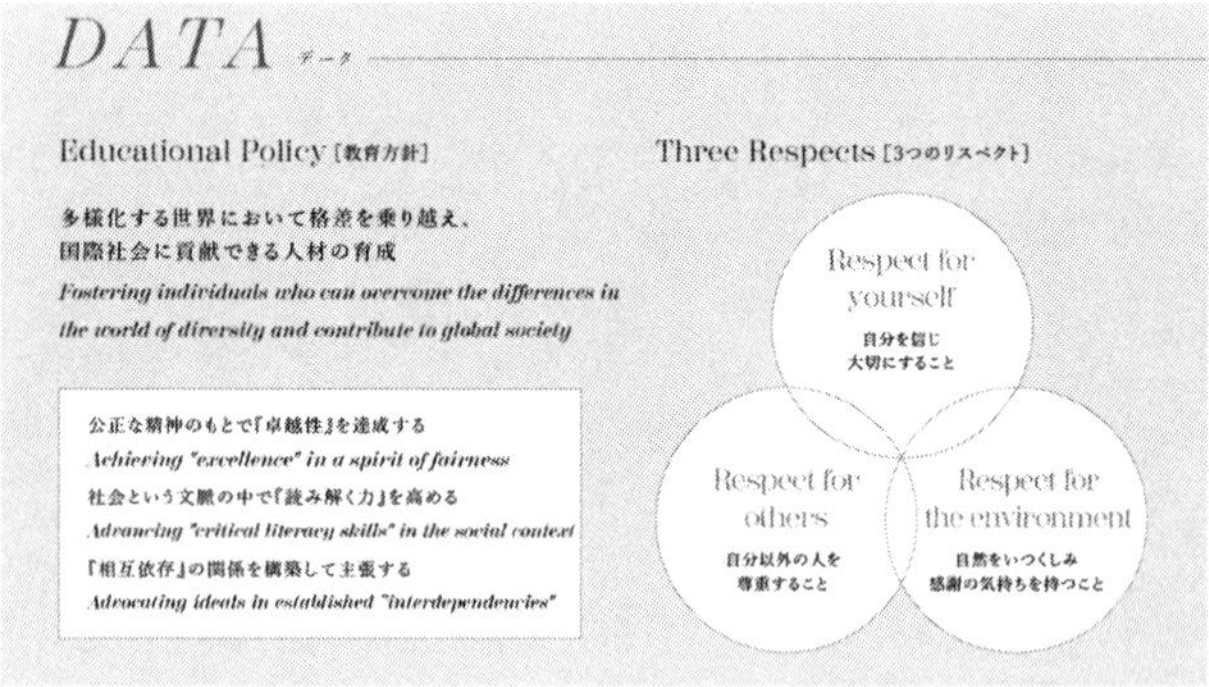


（土浦日本大学中等教育学校　学校案内2025より）

いるからだと思います。

そもそもこういった高圧的な指導は、「何のため」を考えることがなされないまま常態化したり、それが慣習化したりすることによって、いまの時代や生徒の実態にそぐわない教育活動がいまだに学校で行われていることにつながっているのではないでしょうか。

このような状況を改善し、より良いものとしていくには、前掲書によると、「対話をして、最上位の目標に向けて合意形成をしていくこと」が必要とあります。たとえば、本校では、図表5－1のような目標があります。そのため本校ではこんな会話が生徒間、教師間、または生徒と教師の間でなされています。

「授業のこの部分、『読み解く力』を意識してみました」

「『Three Respects』を授業のなかでも考えさせら

れる構成にしたいよね」

「この行動は『Three Respects』に沿っていますか」

「あなたにとっての『卓越性』とは」……

このように、図表5－1に載っているキーワードをあらゆる教育活動において立ちかえる拠り所にしています。拠り所は目の前のことに困ったり悩んだりしたときに立ちかえる「原点」となりますし、「指針」にもなります。

これが、ほかのことにも応用されます。授業や教育活動だと「学習指導要領」があり、生徒指導だと「生徒指導提要」、特別区や県、市町村等の自治体ごとにはそれぞれ教育計画が存在していると思います。

教員は壁にぶち当たったら、自らの主観や経験、昔からの慣習だけに依拠するのではなく、そもそも、何に立ちかえるべきか。その拠り所となるものはきちんと用意されています。それをもとに、目の前の児童・生徒にはどのような授業や教育活動が適しているのか。遡って考えていくことを大切にしたいものです。

## いきいきと働くために

第4章にて述べた働き方改革によって、労働環境良化のためにたくさんの取り組みがなされてきました。私が教員になった8年前と比べ、大幅に教育現場を取り巻く環境は改善につながっていると言えます。本項では本校やこれまで勤務した学校での経験を踏まえ、実際の労働環境改善につながった取り組みを紹介し、より良い労働環境に向けた提案ができたらと思います。

## ＊複数で業務にあたるということ―複数担任・顧問制度・「チーム学校」の実現へ

本校の場合、基本的にひとつのクラスを担任・副担任のふたりで担当しています。朝・夕のホームルームや総合的な学習の時間、特別活動等学級単位の活動はすべてふたり一緒に行います。学校行事も同様です。

生徒指導上のトラブルが起きた場合も、副担任を含め、学年主任や他クラスの教員も交え、状況に応じて対応します。複数で対応することにより、次のようなメリットが挙げられます。

まず、担任ひとりで問題を抱え込まず、チームで問題解決をめざすことができます。じっさい、私自身もみんなで向き合うという安心感により、落ち着いて対応できました。また、複数で対応することにより、指導する人、フォローする人と役割を分けて指導することも可能になり、より良い課題解決につながると思います。

次に、多様な生徒理解につながるという点もあります。ひとりで担当しては、その人の主観に依りがちです。しかし、複数で対応することで、生徒の良さや困りごとなどを多様な見方から発見することが可能になります。思いもよらなかった視点や場面から、生徒についての情報が集まることにもなります。

さらに、ハプニングへの対応にも有効です。たとえば、私の場合、子供の発熱や自身の体調不良によって急な休みや早退をさせてもらうことがありました。そんなときも副担任のお蔭で、安心して学級を休み、家庭のことや自身の通院に充てることができました。

生徒指導上の問題があったときも、複数の目があれば、役割を分けた即時対応も可能です。

部活動でも同様です。いま私は軟式野球部を担当しています。この部活を四人の教員が担当しています。それぞれの校務や家庭の事情に合わせて、放課後や休日の練習にあたっています。「今日○○があるので代わってください」「昨日の分、今日行きます」など声を掛け合いながら部活動を担当しています。ここでもやはり複数で担当することで、指導事項の徹底や、生徒の成長の発見につながっているのです。

## 「自腹」という概念について

『教師の自腹』（福嶋尚子　柳澤靖明　古殿真大　東洋館出版社）で紹介されていたのですが、「教職員の自己負担額に関する調査（2022年）」によると、2020年の1年間で教職員のじつに75・8％が自腹を切ったと回答しています。そもそも、「職務」に関することについて、自腹を切るとはどういうことなのでしょうか。

私が経験した「自腹」についてはすでに触れましたが、以下に記したうえで解決策を提案したいと思います。

**＊私の切った自腹**

職員室で共同購入する飲料代　書籍購入費用　シール代　文房具代　部活動の用具代（審判着・ラケット・シューズなど）学校行事や部活動の交通費　部活動の競技団体登録費　ＩＣＴ関連機材費用　家庭訪問のガソリン代　教職員互助会費　外部での研修の参加費など

## そもそも、これって必要なのか？「自腹」のスリム化

前述のように、「そもそも～」と考えることで、削減できるものがあると私は考えます。

たとえば、公立中学校に勤めていたころ、「教職員の互助会費」という名目で、月一定額が給料から天引きされていました。互助会費からは教職員の慶弔費等が出ていたようです。また、職員室内でのお菓子やコーヒー代、入学式や卒業式・行事や学期末等のお祝膳的な食事代に互助会費から充てられていました。このなかで、職員室内の飲料やお菓子代を各自用意するので

はダメなのでしょうか。お祝い膳も毎回豪勢なものを注文する必要があるのでしょうか。

本当にこの出費は必要なのかどうか、立ちかえって考えることがまずは最優先だと思います。これだけで、かなりの削減が可能になると思います。

## 「経費」として認めてもらうことが必要ではないか

夕方、授業や部活動のあと、不登校生徒や欠席が長期で続いた生徒のところに授業や学級で配布されたプリントを届けたり、様子を確認したりする際、家庭訪問を実施します。この家庭訪問を行うとき、教員の自家用車を使うことが一般的です。しかし、これも回数が重なると、負担するガソリン代がかさんできます。

また、部活動に関する競技団体加盟費、合宿の宿泊費も自己負担の場合が多かったと記憶しています。授業についても、より良い授業をめざしていくために、プロジェクターとパソコンをつなぐ機器、タッチペンなども教員の個人負担です。さらには、出張として引率する学習旅行の費用の一部を実費で負担したこともあります。

「業務」なのになぜ自腹なのだと割り切れない思いを抱きました。これらはほかの業界であれば、「経費」として認められるものばかりではないでしょうか。

実際、いまの勤務校はこの「自腹」の概念が異なり、実費を出すことが大幅に減りました。

「業務に関わることの費用は個人負担させない」。この当たり前の考えに改善する必要があるのではないでしょうか。学校によっては、研究費として研修の参加費用、学会費、書籍購入費に関して、一定の費用を用意する場合もあるそうです。より良い授業をめざすためのコストを教員に負担させることのない仕組みづくりを求めたいものです。

## 自分で自分の首を絞めていないか

そもそも、私の挙げた「自腹リスト」には積極的に自腹を切っているものもあります。生徒の提出物に押すはんこなどはこだわって選んでいるものがあったり、授業のICT環境をなるべく良くするために、最新の機材を買い求めたりしてしまいます。書籍も同様です。最新の事例や研究のためならば惜しまない側面もあります。これは、ある意味「自分で自分の首を絞めている」ことになります。

そこを「代替可能なもの」がないか、探し、置き換えることも必要です。これは自戒も込めて提案します。

## 教育DXをめざして

本校では、ｓｌａｃｋというコミュニケーションアプリを導入しています。これを教員間で

**写真5-2　本校で実際に使用しているDXツール。
資料のURLのリンクを共有し、即時閲覧へ（左）。実際の画面（右）**

活用し、会議のデータ配布や文書の協働編集、資料の共有、即時的なコミュニケーションを図っています。加えて、生徒指導上の問題が発生したときにすぐに知らせることができるなど、即応した情報共有が必要な案件にも対応できます。また、保健室への来室状況や外部からの来客状況も逐次更新されていくので、生徒が体調不良等で早退した場合、円滑に様子を見に行けるようになりました。

さらには、教員間のコミュニケーションが活発になり、アプリを介することで情報共有が速くなったり、連絡の徹底だったりが可能になりました。文書やプレゼンテーション、データ処理の協働編集を行う際には、Google Workspace――グーグルが提供している、クラウドによる生産性向上をめざした組織内情報共有ツール

――のなかのスプレッドシートやドキュメントを用いたり、簡単なアンケートや生徒の欠席情報をGoogle Forms――グーグルが提供している、ウェブベースのアンケート作成・管理ソフトウェア――で集計したりしています。授業や学級で使用するプレゼン資料はCanva――バナーやSNS画像をかんたんに作れるクラウドデザインツール――で作成し、URLを共有することで協働閲覧も行えます。

このようにDXツールを適切に導入することで、大幅な業務改善と効率化が可能になります。自治体によっては、公務支援システムを導入することによって同様の効果を得ているものもあります。

代替可能なものはどんどんDX化することで余剰時間が生まれます。その時間を本来の目的である教材研究や学級経営、生徒対応に充てることこそ、真のDX化であると考えます。

## そもそも、なぜ働き方改革なのか

さまざまな業界において、これまで何十年も変わっていなかった労働環境がなぜ注目され、いま働き方改革が推進されているのでしょうか。それは何よりも、いかなる業界でも「担い手不足」が顕著であるからだと私は考えます。

前述したように、教育界では教職課程履修者の減少や、教員の休職・病休者の増加等が深刻な問題とされています。現場にいても疲弊した声が聞こえています。

　これまで以上に人口減少が進み、働き手の確保が課題になるなか、教員の「持続可能な働き方」を現場の私たちが提案し、実行していくことこそ、使命であると思います。

　さらには、現場で変えられないものは、国や地方公共団体、それぞれの学校法人の担うところです。もちろん、地域の方々の協力も必要です。さまざまなところで連携し合い、未来を担う後進のために道をつないでいくことが必要ではないでしょうか。

## ＩＣＴの活用を通して生徒がいきいきと学ぶ姿を実現する

　第2章で触れたように、２０２０年よりＧＩＧＡスクール構想が拡大され、教育現場において、ＩＣＴ活用の波が一気に押し寄せました。それから4年が経ち、全国的に見ても当たり前に「ＩＣＴ機器を文房具のように」活用する時代が到来したと言えるでしょう。

　私は、２０１９年ごろからＩＣＴの活用を始めました。最初はiPadを用いて授業用のプレゼン資料を作成し、それを投影した説明や映像資料の視聴などを行いました。これまでできなかった教科書の資料の拡大や映像視聴によって、それまでと比べものにならないくらい生徒への情報伝達がスムーズになったことを覚えています。

　転機となったのは、第2章で触れた前任校への赴任です。同僚やＩＣＴ支援員にサポートしてもらい、情報提示という段階から協働編集・記録の蓄積というように活用の種類や方法も幅広く増えていきました。

現在の授業では、資料提示は当然のこと、生徒の意見を引き出したり、授業の記録を取ったりすることにもICTの活用は欠かせません。また、これは総合的な学習の時間や特別活動でも同様です。現下、私はあらゆる教育活動においての活用を模索しています。その一環で、ICT機器の活用を通して生徒間の対話や社会構造の理解、主体的に学ぶ意欲を高めることをめざす授業の実現へと邁進しています。

ICTによる、さらに高い質を担保した教育活動が、いま求められていると思います。

## 「師」と仰ぐ人との出会いから

昨年（2023年）、縁あってお茶の水女子大学附属中学校の授業を視察させていただく機会を得ました。この経験こそ、私の人生を変える出会いでした。

その1ヶ月前、偶然次の記事を読んだことがきっかけです。

「『デジタルから最も遠い教科だった』国語で生成AI使う教師たち」（『毎日新聞』2023年6月8日付〈https://mainichi.jp/articles/20230607/k00/00m/040/321000c〉）

この記事で紹介されている渡辺光輝先生は生成AIを使ってどんな授業をするのだろう……

私には想像もつかないもので、イメージすら湧きませんでした。いざ授業を拝見すると、それは驚きという言葉以外見つかりませんでした。

生徒たちは、「初等中等教育段階における生成ＡＩの利用に関する暫定的なガイドライン」(https://www.mext.go.jp/content/20230710-mxt_shukyo02-000030823_003.pdf) を読み込み、生成ＡＩを活用すべく自らの考えを一心不乱にGoogleドキュメントに打ち込んでいます。

資料を批判的に読み解いていくとともに、大量の情報を即座に処理していく生徒の姿に言葉が出ませんでした。

また、ＩＣＴだけでなく、話し合い活動も活発でした。それぞれの意見を伝えることに臆せず、堂々と立ち振る舞う姿勢に大変刺激を受けました。

何よりも、その生徒たちの学びの意欲を引き出す渡辺先生の「熱量」に感銘を受けました。「どうやったらこんな雰囲気をつくれるのか」「生徒の意欲を引き出すためのＩＣＴ活用をもっと極めたい」……教員として、そしてひとりの人間としてめざすべき〝道標〟に巡り合った瞬間でした。

授業後も、さまざまなＩＣＴ活用策についてご指導をいただいた時間は夢のようでした。Google workspaceをどのように授業に取り入れていくか、Padlet（Ｐ２０１参照）のさまざまな機能とは、Canvaの生成ＡＩを使った掲示物等……。これまで目にしたことのない実践一つひとつを知るたびに、「どうやって授業で活用しよう」「早く試してみたい」と意欲が湧き上がります。

ここまで胸の底から突き動かされたのは初めてでした。渡辺先生との出会いはまさに授業におけるICT活用の「師」との出会いでした。教科や校種の垣根を超えた「師」からもっともっと学んでいきたいと強く思っています。

その後、私のICTについての学びは深化しつづけています。私にとって、ICTの活用はどんな場面であってもなくてはなりません。しかし、間違えてはいけないのは、あくまでICTは「手段」でしかないということです。ICTを活用することで、生徒がより一層、いきいきと輝く……そう信じて実践しています。次項では社会科（歴史総合）と学級での活用の例を紹介します。ぜひ〝いま〟の教育現場の様子を覗いてみてください。

## ICTの活用により主体的な学びが可能となり、生徒が輝く

具体的な事例として、本校の4年生（一般的な高校1年生）での歴史総合の授業での様子を紹介します。

そもそも、歴史総合とはどんな教科なのか？

2022年から高校で必修となった新しい歴史の科目です。従来の日本史や世界史とは異な

**図表5-2　Padletの画面(左)とCanvaで作成したスライド(右)**

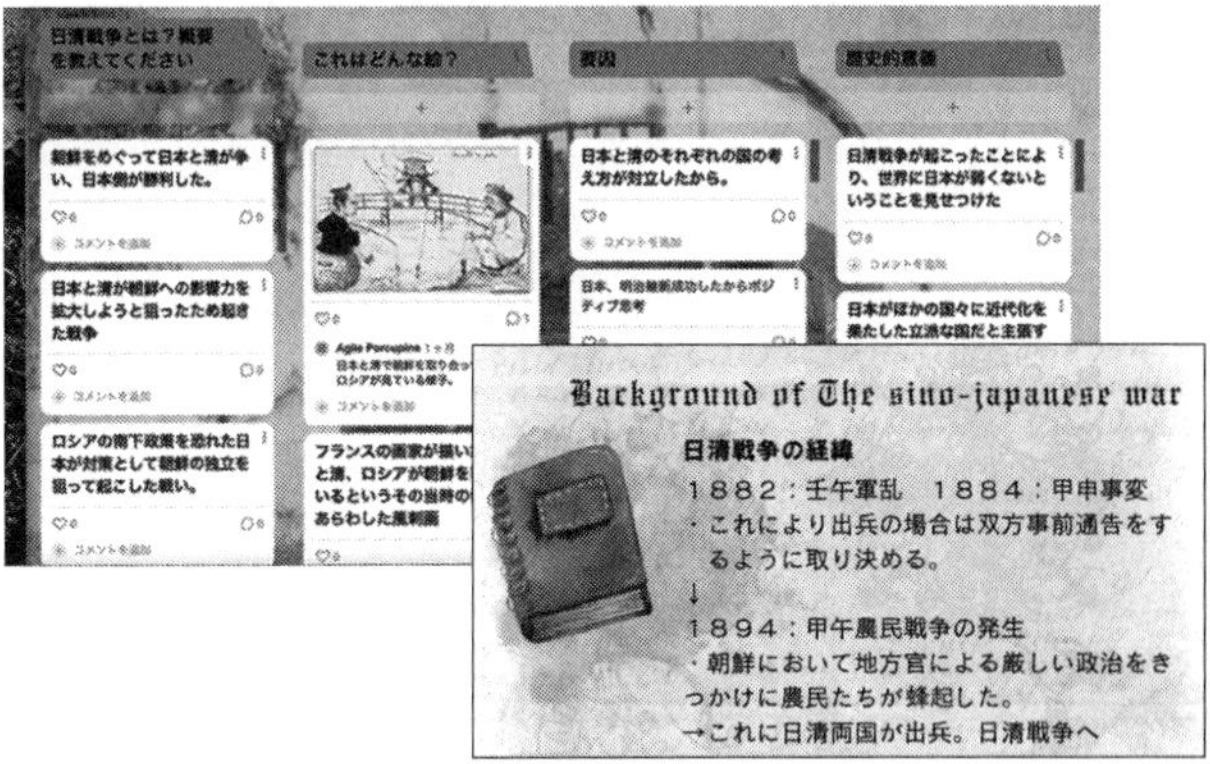


り、近現代の歴史を日本と世界という広い視点から捉え、現代社会のさまざまな問題と歴史とのつながりを深く考察することを目的としています。

また、日本史と世界史を分けることなく、両者のつながりを重視し、グローバルな視点から歴史を学びます。とくに歴史資料を読み解き、その内容を批判的に考察する力を養います。また、歴史の知識を活かして、現代社会の課題を多角的に分析し、将来を展望する力を育みます。さらに、従来のように、教師の説明を聞くだけでなく、生徒自身が資料を探し、問いを立て、自ら考え、発表するような学習活動が重視されます。

歴史総合の授業では、おもにPadletとCanvaというアプリケーションを使用しています。

Padletはアイディアを共有したり、情報を集めたりするためのオンラインツールです。端末上のデジタルな掲示板やホワイトボードのようなものです。Canvaは簡単にプロフェッショナルなデザインができる、人気のオンラインデザインツールです。近年、急速に教育現場への普及が進んでいます。

私はPadletを生徒の意見や考えを引き出したり、話し合いをもとに考察したりすることに活用しています。Canvaは、私がつくったプレゼンテーション資料の共有などに使っています。どちらのアプリもデザイン性が高く、直感的に操作が可能です。生徒・教師ともに使っていてわくわくするようなアプリなので、ついつい使ってしまいます。

図表5－2をもとに説明します。日清戦争についての授業です。授業の導入では、中学校のときにどの程度日清戦争について学習したのか、覚えていることを自由に記述してもらいます。事実確認ではありますが、生徒によって習熟度は異なります。また、ひとつの事象であっても、違う見方で捉えていることがわかります。

次に、この当時の日本・清国（中国）・ロシアを表した風刺画を鑑賞します。これも映写したスライドをクラス全体で確認します。この風刺画はPadletにも添付してあるので、手元で拡大することも可能です。また、スライド自体もＵＲＬ化して事前に共有済みです。これにより、生徒は教室前面にて映されているスライドを手元で確認することが可能になります。

このスライドやPadletでの記述をもとに、生徒たちは授業の核に迫っていきます。それは、

**写真5-3　実際にPadletを入力している様子（左）
Padletの画面。図表5-2の画面を一部スクロールしたもの（右）**

日清戦争の「要因」や「歴史的意義」です。

そもそも、なぜ戦争が起きたのか。それを当時の国際関係や帝国主義の動き、さらにはこれまでの授業との関連性も示しながら考察させます。生徒たちは、日本の東アジアにおける存在感の高まりや清国の華《か》夷《い》秩序《ちつじょ》からの脱却、南下を画策しているロシアへの牽《けん》制《せい》、朝鮮における日本の権益獲得等、さまざまな視点から見つめます。

さらに、それぞれ異なった視点で日清戦争を見つめているので、記述を通した新たな発見にもつながるでしょう。

また、日清戦争の要因を踏まえたうえで、歴史的意義について考えさせます。世界からこの当時、どのように日本は見られていたのか。その立場についてメタ認知——自分が思考していることを、もうひとりの自分がより高次から客観的に捉えて把握し、活動に反映させること――を促すことで、当時の日本の置かれた状況が浮き彫りになります。日清戦争の勝利による日本の世界的立場の向上だけでなく、東アジアにおける伝統的な秩序の崩壊にもつながったことに気づくことができた生徒も多くいました。

Padletや Canvaを授業展開に用いることにより、次のような利点が挙げられます。

・ほかの生徒の記述を確認することでさまざまな考えに触れられ、歴史的な見方や考え方を育むことが可能になる。
・PC上の入力であるがゆえ、間違ったときの訂正が容易であったり、大量の文字で表現できる。
・クラス全員を前に発表することに抵抗を覚える生徒も、オンラインなら抵抗なく意見を表明することができる。
・生徒の考えを教師が一括で確認しやすい。また、データとして情報を保存しやすい。
・一部の生徒だけでなく、全体の意見を集約することが可能になる。

このように、ICTを使用することにより可能性が広がります。より一層、学びを通した「感動」へつなげられる授業を追究したいものです。

## 学校経営もＤＸ化～いきいきと躍動する生徒たちの姿から～

私は、学級経営においてもＩＣＴを随所で活用しています。以下、例を挙げます。

・学級通信のデータでの配信
・Google Formsを活用した保護者からのアンケート
・掲示物（自己紹介、体育祭への意気込みなど）のCanvaでの作成
・Padletでの美術鑑賞
・スプレッドシートを用いた文化祭の買い出しリスト
・Canvaで作成したプレゼン資料をＵＲＬ化して生徒や保護者と共有
・ポスターセッションの作成（PowerPoint、Googleスライド、Canvaを選択）など

決して特別なことはやっていないはずです。これまで紙や口頭で行っていたことをＩＣＴという形で代替したにすぎません。ポイントとしては、情報のポートフォリオ化や情報共有の即時性、可視性等が挙げられます。つまり、ＩＣＴを上手に活用することで、生徒・教師・保護者が利便性を感じ、いきいきと利用することができるのが重要なのです。

たとえば、図表５－４を参照してください。

## 図表5-4　オープンハウス準備にてICTを活用している場面

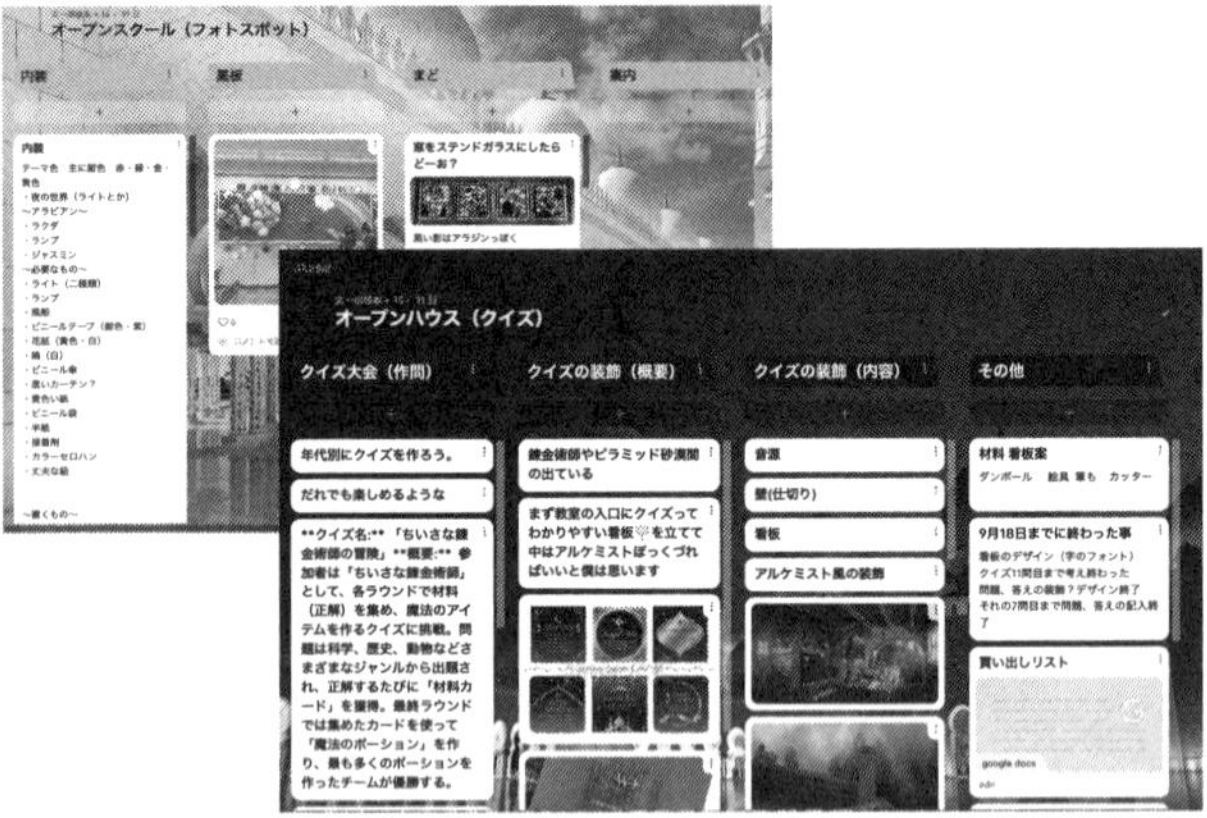


本校にはオープンハウスという、文化祭のような行事があります。それに際してクラスのなかで役割分担を決めて進めています。

準備段階でのアイディアや役割、話し合いの結果、準備物等のさまざまな情報をこのシートで一括管理をしています。

またURLを貼ることにより、たとえばオープンハウスに向けた買い出しリストの即時共有等ができました。また、各係の進捗もすぐに把握できます。さらに共同閲覧ができる利点を活かし、情報共有を終えたことを前提に、それぞれの係がやるべきことを同時多発的に行うことが可能です。

このようにICTを教育活動の軸に据えることにより、生徒間で互いのやるべき役割が明確になったり、情報の伝達もスムーズになり、互いに確認する手間も省けたりします。

**図表5-5　クイズ大会で使用したスライド（左）
ポスター・セッション用に作成したスライド（右）**

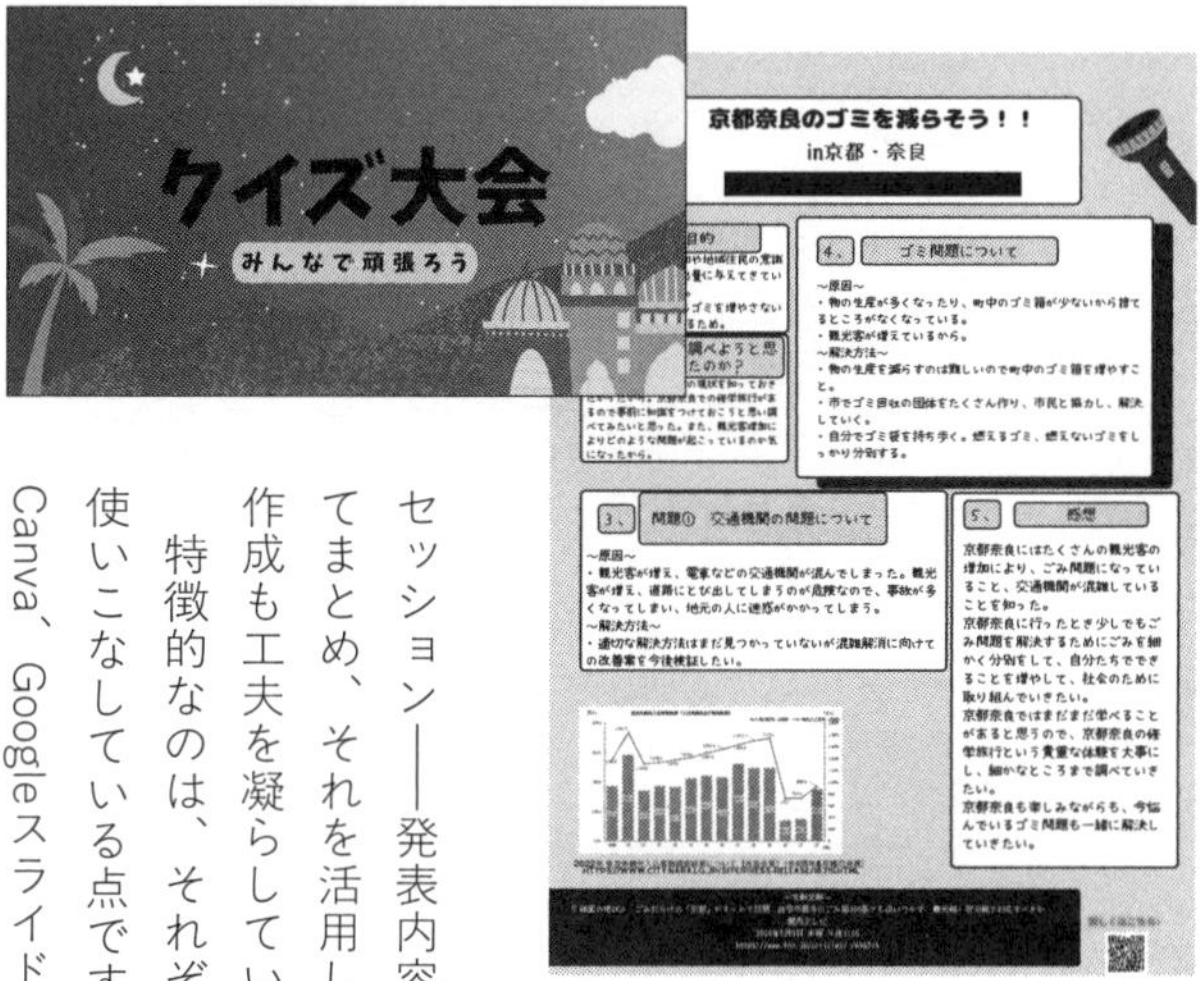


　生徒たちの可能性はとても高いです。日々驚かされつづけています。

　ある生徒は、出し物に関するプロモーションビデオの撮影を企画しています。またある生徒は、黒板アートの作成過程をモーション・ピクチャー化して残すことを考えています。さらには、クイズ大会に関するスライドを複数で共有しながら協働編集しているグループもあります。当日掲示するポスターセッション——発表内容を図やグラフなどを用いてポスターとしてまとめ、それを活用してプレゼンや質疑応答をすること——の作成も工夫を凝らしています。

　特徴的なのは、それぞれの生徒が、得意なアプリケーションを使いこなしている点です。プレゼン資料の作成でも、PowerPoint、Canva、Googleスライドとアプリには多様性があります。生徒たちはそれぞれのアプリの強みや弱みを理解しながら使い分けている様子です。

このように、生徒がアプリを選択できる環境を用意したり、得意なアプリを自由に選択〜使用できる環境をつくることで、それぞれの強みを活かし、得意分野で力を最大限発揮することができます。

これからの時代は多様性がより一層求められます。だからこそ、画一的な指導から、それぞれの個性を伸ばす教育へと、ＩＣＴの活用を「手段」としながら推進していきたいと思います。

## 生徒たちはどう考えているのか

本書の執筆に際して、上述した４年生の生徒に聞いたところ、次のように話していました。

**Ｑ　PadletやCanvaを使うことの良さについて、教えてください。**

・全体では発言しづらい人も、気軽に意見を入力することができる。
・自分の意見を考えるだけでなく、アウトプットすることができるので、記憶の定着につながると思う。
・普段意見できないような空気でもPadletなら言える。CanvaはＰＤＦなどにも書き出しできるので、ノート代わりにできる。

・Padletは自分の意見だけでなく友達の意見も見ることができて、思考の幅が広がる。また、匿名で投稿することができるので発表が苦手な私でも自由に書くことができる。
・匿名だから発言しやすい！　発表だと二、三人くらいの考えしかわからないけれど、Padletだとみんなの考え方もわかるし、覚えやすい！　普通の授業より楽しい。

**Q　ＩＣＴを授業で使用するようになって変わったことを教えてください。**

・出来事を覚えるだけではなく、原因や背景も含めて考えようという思考に変わった。
・周りの人と話し合う機会や、自分の意見の発表機会が増えた。
・授業に参加しているのが実感できるようになった。
・授業中にわからない語彙があったときにすぐに調べられる。スライドも手元で見ることができる。さまざまな機会にわからないことを調べようとするようになった。

## これからの授業を考える

このように、ＩＣＴを活用することにより、授業の幅や深みが劇的に変化します。しかし、すべての学校や教員がＩＣＴ活用に積極的だとは限りません。いまだに旧態依然とした授業が展開されている状況が散見されるからです。たとえば、教師が30人以上の生徒に対し、一斉に同じ内容を教え、それを黙って受け入れる一斉教授型の授業です。いま、果たして情報の伝達や習熟という点で、この形は有効でしょうか。

一斉教授型の授業の形は、我が国でも明治時代、富国強兵を推進し、より効果的に知識を伝達するための手段として学校教育などに応用されたと言われています。それが学校教育のなかで脈々と生きつづけているのです。いわば約150年同じような教育手法が続けられていると言えます。黙々と話を聞き、黒板を写す活動。果たしてこれは「主体的な学び」と言えるのでしょうか。

もちろん、私も説明と板書を組み合わせた授業をする場合もあります。しかし、それが延々と続く授業を行うことはありません。「協働性」や「主体性」を養うために、一斉教授型の授業は果たして適していると言えるのでしょうか。

旧態依然とした授業を続ける背景には、「変化」を恐れる姿勢や、それを受け入れようとしない側面もあるのではないかと思います。

「これまでもうまくいっていた」「話し合い活動や振り返りを行う時間はない」「知識を習得させての問題演習こそ、入試に直結する」……これらの考えは学ぶ生徒の目線に立っていると言えるのでしょうか。教員の勝手な思い込みではないでしょうか。

一方で、生徒自身も「情報を受容する」ことに慣れてしまっていることや、「受験のための勉強」を求めているような側面もあると思います。

こんなことでは、教員・生徒ともに「協働性」や「主体性」を養う場としての学校を効果的に機能させているとは言えないのではないでしょうか。

私はこのような状況がまだ一部に見られることを憂いています。これからの教育にとって、果たしてどんな授業をめざしていくのが適しているのか。「未来」を生きる生徒たちにとって、より「生きた学び」にできるよう、私たち教員は問いつづけていく必要があります。

## 時代の変革の波に乗って

「オンラインで人生が変わる」――こんなこと、これまでの人生では思いもよりませんでした。

コロナ禍を経て世界は激変し、教育現場もその荒波に呑まれ、大きく動き出しました。後述するＺｏｏｍやＳＮＳを通した学びによって、「地域を超えて学び合うことができる、距離と空間を超えた絆」を得ることができました。一体、どんな過程を経て、私の人生を変えるような出来事となったのかを紹介します。

これまでは教員が優れた実践を学んだり、知ったりするためには、直接現場に足を運ぶしかありませんでした。そういった機会は首都圏等大都市に集中しており、地方に住む私にとってはなかなか難しいものでした。教員になりたてのころは県や市が主催する研修に出ることがほとんどで、民間の主催するセミナーや勉強会の情報はまずありませんでした。

そんななか、東京の市ヶ谷に本部のある日本国際協力機構（ＪＩＣＡ）主催の国際理解教育に関するシンポジウムに出たのが、大きな契機でした。全国の教職員と問題意識を共有できたのはもちろん、授業づくりや教育に関することを話し合えたのが大きな驚きでした。もっと自己の研鑽を深めたい……そう思って仙台で行われたＪＩＣＡ東北主催のイベントなどにも参加し、最新の実践に触れる機会をつくりました。

しかし、それにも限界があります。校務や部活動との兼ね合いから、対面での研修会には参加することが叶いません。どうにもできないもどかしさを抱えながら過ごしていたことを、いまでも覚えています。

しかし、コロナ禍を経て、時代は大きく変わりました。Ｚｏｏｍなどのオンラインビデオ会議ツールが一斉に普及しはじめたのです。これまで行われていた研修や勉強会も一斉にオンラインに移行するとともに、個人レベルであっても活用することが増えてきました。その結果、全国規模でオンラインを中心とした研修会や講演が開かれるようになりました。

私もこの流れに乗り、当時、福島県内の社会科の若手教員同士でSocial Studies for Fukushimaという団体をつくり、定期的にオンラインでの実践共有をしはじめました。

私自身はそれまでの焦燥感を埋めるため、さらなる研鑽を求めてさまざまなオンライン研修会に出ました。大学附属校や出版社、ＮＰＯ団体、企業主催、個人や地域レベルの研究会などなど。手当たり次第に参加し、吸収しつづけていました。

## 心の底から「同志」と呼べる先生との出会い

新しく出来た学びの流れに乗って、湧きあがる学びへの意欲の勢いを止めることはできませんでした。また、同時にＳＮＳ（たとえば「Facebookや X〔当時はTwitter〕、Instagram）やセミナー情報が集まるＨＰなどを活用して、常に研修会の情報を漁るように探していました。

そこで出会ったのが、新潟県佐渡市立の中学校の小田和也先生です。ある日、ふと偶然、ＳＮＳに流れてきた小田先生が主催する研修に申し込みました。しかし、当日、部活動の予定と重なり、泣く泣くキャンセルすることになってしまいました。ただそのあと交流が生まれ、私が主催する前述した勉強会に参加してくださいました。すると別の日に「ふたりで１on１ミーティングしませんか？」というお誘いを受けました。なぜ、私のような地方の一介の社会科教員に興味をもってくださるのだろうと、驚きが隠せませんでした。そして、このミーティングがまさに人生を変える出会いになったのです。もちろん、そのときはそんなことになろうとは露思いませんでした。

いざ話しはじめてみると、あっという間でした。お互いにもつ社会科という教科への思いや願い、教師として働く原動力、勤務する学校での悩みなど話は尽きませんでした。

何よりも、地方と大都市圏とこんなにも研修の機会が不平等なのは、どうしてなのかという問題意識で強く共鳴し、定期的に授業づくりや学級経営等、さまざまな点で情報交換をし合うようになりました。

偶然にも大学の同窓ということも相まって、関わりはより強固になったことが思い出されます。ときには日ごろの授業の板書を共有し、意見を出し合ったり、研究授業の指導案を見せ合って改善策の意見を交わしたり。ときにはテスト問題のより良いあり方や教員の働き方への想いなど……ほんとうに話は尽きませんでした。

伴走できる「同志」と出会ったからこそ、学びが加速し、より一層自らを高めたいと行動する原動力につながったと思います。

また、互いに苦しいときには励まし合ったり、アドバイスし合ったりなど、弱いところを曝《さら》け出せるような関係にもなれました。お蔭で校務と家庭の忙しさが重なったり、難しい課題に向き合ったりした場面も乗り越えることができました。

## 結果が出はじめた、オンラインでのつながり

コロナ禍前までだと、どうしても人間関係は職場内や同じ地域に限られました。しかし、オ

ンライン環境の普及やＳＮＳの広がりによって、新たな世界への扉が開いたと言えるでしょう。その結果、小田先生とともにいろいろな世界と接触をもつことが可能となり、さらなる学びを深めることにつながっていきました。具体例を挙げると、次のようなものがあります。

＊出身大学の学会での分科会共同発表・紀要の共同執筆、オンラインセミナー企画
＊オンラインでの社会科に関するセミナーの定期的な企画・運営
＊講師として他地域の研究会への参加（栃木県等）
＊長期休みでのフィールドワークの実施（福島県相双《そうそう》地方、愛知県名古屋市）

とくに大きいものとしては「心豊かな社会をつくるための子ども教育財団」主催の「心豊かな社会をつくるための子ども教育財団提言コンテスト　２０２３『For A Brighter Future—心豊かな社会をつくるために私のやりたいこと』コンテスト」に応募した結果、大賞をいただいたことです。

『「Beyond distance project」～距離をこえた教員研修の機会の実現～地方から日本の未来をつくるために』というテーマで受賞しました。同財団の理事長・豊田敬子さんからも、地域を超えた連携という点を高評いただきました。これまでの努力や苦労が報われたようで感激しまし

た。

当時の受賞の言葉を以下に記します。

この度は最優秀賞に選んでいただき、誠にありがとうございます。

私たちの取り組みについて、最大限にご評価いただき、嬉しさで胸がいっぱいです。私たちは２０２２年６月に出会い、福島県と新潟県、そして同じ僻地《へきち》勤務で出身大学、担当教科も同じということですぐに意気投合し、研究を進めてきました。似たような職場環境ということもあり、共通の課題や問題意識を持っていたことで、志を共にし、活動に向かいました。

オンラインの普及により、離れた地域であっても継続的に研究を進めることができました。また、優れた実践や指導法にも触れることが可能になり、やる気さえあれば可能性が無限に広がることを実感しました。授業づくりなどでなかなかうまくいかず、行き詰まった時や悩んだ時にすぐに助けてくれる、そんな同じ志を持った仲間と繋《つな》がり合うことができたことに改めて感謝しています。

地域を超えて活動し、学び合い高め合ってきたことがこの賞を頂いたことで自信に繋がりました。ともに研究の苦労を分かち合い、励まし合ってきた小田先生。心豊かな社会をつくるための子ども教育財団の皆様、いつもそばにいて応援してくれた家族など、全ての皆様に心から感謝申し上げます。

『障子を開けてみよ、外は広いぞ』の言葉にあるように、未来ある子どもたちの視線の先には無限の可能性が広がっています。地方であっても離島であっても描いた夢を実現することができるよう、その後押しができるような教育活動の実現を図っていけたらと思います。そのためにも、全国の先生方との繋がりを深めることを通して、自分の指導力を高め、目の前の生徒の笑顔のために還元していきたいと思います。

（根本太一郎）

地方にいても、離島にいても、最前線の教育実践を知りたい。共に学び合い、高め合える仲間とつながりたいという気持ちをもって、地域を超えた活動に取り組んできました。周囲との温度差に悩んだり、こんなこと誰も望んでいないのかなと苦しんだりする気持ちになることもありました。

そんな中、離島にいても地方の志ある仲間とつながり、このような賞をいただけたことで、まだまだ頑張りたいと思える勇気をいただきました。

私一人で成し遂げたことなど何もなく、一緒に活動を盛り上げてくれた根本先生をはじめ、私たちの企画に参加してくださった全ての皆様、心豊かな社会をつくるための子ども教育財団の皆様、そしていつも私を支えてくれる家族に、改めて感謝します。
子どもの笑顔を実現するためには、私たち教師の笑顔も大切だと感じています。これからも、地域を超えた繋がりを拡げ、自分たちの教育実践力を高められるワクワクした取り組みをしていきます。そして、より多くの子どもたちの心を豊かにし、笑顔を広められるように精進したいと思います。（小田和也）
（https://kystk-zaidan.com/news/2021%E3%80%80提言コンテスト%E3%80%80結果発表-3/）

## 「前へ」歩みを進めていく

じつは私たちはこれまで3回しか会ったことがありません。しかし、悩みや課題を共有し、ともに乗り越えてきたことから、会った回数を超えた強固な絆を築き上げることができたと強く思っています。

普段から勝手に「先輩」と呼び、慕わせてもらっていますが、温かく見守っていただき、包み込んでくださる小田先生のお蔭で、自分もたくさんのことにチャレンジすることができています。

そのため、この賞を得たことには感無量でした。これまでの努力が報われたと思うだけでなく、自分たちの存在価値や教育活動にかけてきた想いが評価されたと思うと言葉にならなかったことをいまだに強く覚えています。

つい最近まではこんなにも世界が変わるなんて思わなかった。

これは今年（２０２４年）の夏、「心豊かな社会をつくるための子ども教育財団」主催の財団８周年記念式典にて話した言葉です。名古屋市にあるトヨタ産業技術記念館で挙行されました。会場の近くのきしめん屋さんで昼食を食べながら、しみじみと小田先生とふたりでこれまでの歩みをぼんやりと、他愛もない話をしながら振り返りました。その後、シンポジウムで豊田理事長にお目にかかったときも夢見心地だったことを覚えています。

「まさか受賞できるとは」「こうやっていろんな人と出会うとは」と、一つひとつ振り返ると、信じられないことの連続だったことを笑いながら噛み締めました。その後、シンポジウムで豊田理事長にお目にかかったときも夢見心地だったことを覚えています。

ひとつ言えるのは、オンライン環境の整備を原動力に新しいつながりを求め、より良いあり方を求めてともに行動することが、いまの私たちをつくり上げたという事実です。

私たちには夢があります。ふたりで社会科に関する共著を世に出すことです。

「社会科って面白い」「社会科を学ぶことで人生が豊かになる」「社会科を通してたくさんの感動を得ることができる」――そんな想いをもつことができる教員や、教職を志す学生がひとりでも増えるよう、私たちがその魅力を発信しつづけたいと思います。

これから何が待ち受けているかわかりません。しかし、志をともにする「同志」と一緒なら、どうにか乗り越えていけるのではないかと思っています。

「前へ」歩みを進められるよう、地域を超えた学びを続けていきたく思います。

## 偶然のきっかけから高等研究機関と連携が可能に

前述しましたが、私は、大学卒業後、地元にある地方銀行に就職しました。しかし、これまでめざしてきた教員への憧れが拭い切れず、再びめざすことを決意し、退職しました。その後、教員採用試験を受け、三度目にてようやく合格することが叶いました。

その後教員としての日々を過ごしていたのですが、ふとした瞬間に大学時代のことを思い出しました。それとほぼ同時期、たまたま大学の恩師とやり取りをしたなかで、母校出身の教職員組織である「明治大学教育会」への加入を薦められました。正式採用されて半年近く経ったころのことでした。

この出会いから、人生が大きく動き出しました。それは「専門的な知見を得るためには、高等研究機関との連携が必要不可欠である」ということを、明治大学教育会を通じて教えていただいたからです。

以下、私の経験をもとに、どのようにして、地方の一教員が大学などと連携することで成長できているのか、記していきたいと思います。

## 出会いによって運命のギアが加速するということ

明治大学教育会に少しずつ関わるようになったある日のことです。オンラインでの会議のとき、私がある企画の提案をしました。その企画への協力を申し出てくださったのが、名古屋経済大学法学部教授の高橋勝也先生です。公民的分野の指導について、悩んでいることをお話ししたらご著書をご恵送くださり、感激したことをいまでも覚えています。その後、中学校歴史的分野教科書と公民的分野教科書執筆のチャンスをいただきました。まさか自分が教科書の執筆の機会をいただけるとは……と、夢のような気持ちになったことを昨日のことのように思い出します。

その後も、協働していろいろなプロジェクトに取り組む機会をいただきました。たとえば、「起業家教育（アントレプレナーシップ）」に関する研究として、現職教員との連携で展開する、「アントレプレナーシップ教育プログラム」の開発に参画させていただきました。

また、初等中等金融経済教育ワークショップという団体を立ち上げ、日本証券業協会や日本クレジット協会と協働したオンラインセミナーを実施することもできました。さらには、主権者教育アドバイザー制度を利用し、私の授業を直接指導に高橋先生には福島県までお越しくださいました。

また、名古屋経済大学の授業でゲストティーチャーとして講義をさせていただく経験もしました。上記以外にもさまざまな形で協働させていただいたことから、たくさんのチャンスが自分の血となり肉となっていったことを、振り返ると実感します。

さらに、私が昨年（２０２３年）度、公立学校の教員を辞め、私立学校に移る決断をした際にも、背中を強く押してくださったのが高橋先生です。

自分を高めていくために挑戦することに勇気をもつことは、高橋先生の存在なくしてはできなかったと、強く言い切ることができます。まさに、人生を切り開く道を示してくださる「メンター」であると、私は心から尊敬しています。

これまで高等研究機関と研究を協働するなかで、大きな刺激を受けてきました。「金融教育の視点をどのように授業に取り入れるのか」「主権者として、政治参加や意思決定の意識をもたせるために、どんな構成をすれば良いか」等々。それを漠然とではなく、専門書や文科省などから出る答申、各種業界団体から出る資料を参考に、エビデンスを取りながら授業づくりに努めるようになりました。

これまでは漠然と主観を頼りに、必要に応じて資料を収集していたことから、より根拠に基づいた授業づくりへと転換することができました。そのお蔭か、より政策の動向や国の施策、先行研究等に沿った授業構成に近づけられるようになったと思います。

また、自分自身の知見の狭さに気づいたことから、より貪欲に情報を収集し、学びを深める必要性を感じたきっかけになりました。

## 金言を心に刻んで

**発信しつづけていれば、その努力を誰かが見ている。**
**実績は積み重ねていくこと。その積み重ねが財産になる。**

これらは、高橋先生に日ごろから話していただいている言葉です。愚直にこの言葉を繰り返しながら研究を重ねた結果、授業がより充実しました。生徒の反応が変わっただけでなく、執筆の機会や口頭での発表、共同研究へとつながりました。まさに、教師としての心がけや態度、自分の進むべき道に導いてくださった恩師と言えます。自分がより成長し、努力を重ねていくことこそ、まさに高橋先生への恩返しであると私は考えます。

本書の執筆も、じつは出版社と私たちを高橋先生がつないでくださいました。この「縁」がなければ絶対に実現しなかったと言い切れます。

高橋先生のように、後進の成長を導き、促していけるような存在になりたいという志を、この出会いをきっかけにもちました。

## 新たな夢が生まれるきっかけに

もうひとり、私にとって「師」と仰ぐ出会いが、明治大学教育会を通じてありました。文学部教授の山下達也先生です。

一昨年（２０２２年）度の明治大学教育会で、今回共同執筆している永井崇先生と一緒に当時勤めていた中学校での総合学習の取り組みについて発表しました。懇親会を終えての二次会でたまたまご一緒させていただいたのが縁の始まりでした。日を改めて山下先生とオンラインで、総合学習での取り組みについての発表を再び説明させていただく機会をもちました。それについてご高評をいただき、先生のもたれる教職課程での「教職入門」で大学生にお話しする機会をいただきました。

大学生に対して、教職を志すようになった理由や経緯、これまでの実践や人生の歩みについて講師として話をする。そんな日が来るとは思ってもいませんでした。数ヶ月かけて発表する内容を慎重に準備しました。発表の準備を通して自分の人生の歩みをなぞり、丁寧に辿りました。すると、少しずつではありますが、自分自身の人生の歩みを肯定できるようになりました。

じつを言うと、大学卒業後紆余曲折を経て教壇に立ったため、キャリア面で遅れをとっていることに気後れしていました。しかし、これまでの自分をありのままに捉え、教職の魅力についてまとめているうちに、自分自身がどうであれ、その過程を受けとめようと思えるようになりました。

迎えた当日、目の前に広がったのは大教室で、50人以上の学生の姿でした。ときには笑い、ときには頷《うなず》きながら真剣に聞き入ってくれる姿に、私も次第に熱を帯びて話をしていきました。これまで人前で話をすることのなかったコンプレックスや故郷への想い、これからの教師としての夢や目標について熱く語りました。語り終えて拍手をいただいた際、改めて教師を続けてきて良かったと万感の思いを得たことをいまでも思い出します。

その後も折に触れて、山下先生とはお会いする機会をいただいています。

今年も、同じ「教職入門」での講話、そして「教育実習Ｉ」での模擬授業や講話の機会をいただきました。こういった学生との出会いのなかで、少しずつではありますが母校の学生を含めた、教師をめざす学生たちを応援したいという新たな夢が生まれました。

教員離れが進むなか、それでも教職課程を履修し、夢を追いかける学生に「伴走」する存在でありたいと思います。微力ではありますが、これまでの経験から教育業界への「恩返し」ができたらと思います。

## 歴史教育を追究していきたいという想い

山下先生との出会いによって、じつはもうひとつの夢が生まれました。それは、諦めていた歴史教育研究家としての道です。

**自分の感情に訴えかけてくるほどの強い想いに突き動かされるのであれば、それが研究の道になる。**

これは、山下先生と先日お会いしたときにいただいた言葉です。じつは今年から高等学校の指導を始めたのですが、その際、先生の専門分野である近現代史の授業での取り扱い方について、壁にあたった都度、相談に乗っていただきました。

「産業革命がどのように世界を変えたか」「併合後、日本は韓国に対してどのような教育制度をとっていたか」「教育による占領政策への影響とは」など、これまでの山下先生の研究をもとにご指導いただきました。

すると、自分自身もこのような歴史について強く問題意識をもち、どうやって日ごろの授業や私自身の生き方につなげていけば良いか、考えるようになりました。そして昔、本当に小さいころ、歴史を学ぶことが好きで好きで仕方なかった幼少期の記憶に辿りつきました。「自分の本当に生涯をかけて行いたいものが歴史教育である」と最近、強く思います。

テーマはおぼろげではありますが、日本や世界の近現代史を中心に探究していくことが世界史教員としての私の軸になると思っています。

「歴史を学ぶことは社会の構造や枠組みを理解させてくれるし、生き方の指針にもなる」。これが私の社会科を学ぶ目的です。生徒たちが事実を学ぶだけでなく、その事実をもとにした歴史への解釈や評価ができるよう、自分も学びつづける「歴史研究家」として、歴史教育研究の道を追究していきたいと思います。

## 学び続ける教師として

このように、偶然の出会いにより思いもよらず新しい人生が切り開かれました。

学校やその周りの世界にとどまっていたら、人間としても教師としても大きな成長はなかったでしょう。そして自分が生涯追い求めることができる「夢」が生まれました。

教員は外の世界と積極的に関わることで、専門的な知見を得て指導力を向上させることができたり、ひとりの人間として成長することができる。そう断言します。

また、新しい世界と出合うことを通して、新たな価値観を得たり、視野を広げたりすることもできます。

# 第6章　保護者との連携について

## 保護者の思いは

永井 崇

第3章では保護者からの苦情等に苦しむ学校の現状について述べました。しかし、学校運営には保護者からの協力が不可欠だという事実を踏まえると、保護者との関わりを遮断していくのではなく、連携・協力をしていく必要があります。

幸いなことに、これまで無謀な要求等を言ってくる保護者というのは一部に限られており、多くの保護者は協力的であり、友好的だと私は経験上感じています。もちろん、学校の対応のまずさから協力的な保護者を敵に回してしまうことはないとは言い切れません。

現在、私は教育委員会に所属し、働き方改革を推進する立場にいます。そこで感じた保護者や地域の人たちへの対応の例をここで取り上げてみます。

私たちの教育委員会では、教員の時間外勤務時間を削減するために、今年（2024年）4月より市内全校に、留守番電話を導入しました。小・中学校によって、留守番電話にセットする時間は違いますが、概《おおむ》ね、小学校が午後5時、中学校が部活終了後（午後6時ごろ）となっています。これは生徒の下校後、教員が本来の業務に集中できるように配慮してのことです。

導入にあたっては、保護者や地域から理解を得ることができるか不安なところもありましたし、苦情等が寄せられることも予想されました。しかし、意外にも現在まで、このことでの苦情は各学校をはじめ教育委員会にも一件も来ておりません。

ほかにも、日課表（所謂《いわゆる》時間割）を工夫し、休み時間を短縮したり、清掃の回数を削減したりして、教員が本来行うべき業務を勤務時間内に終了できるように取り組んでいますが、こちらに関しても苦情はなく、保護者等から理解が得られていることが窺《うかが》えます。

おそらく、この背景には、教員の働き方の現状を知らなかったり、教員をめざす学生等が減ってきていることなどを報道等で理解したりしていることがあるのだろうと思います。そのうえで、保護者や地域の人たちも私たち教員の実態を理解し、業務の改善に協力してくれていると感じています。

つまり、しっかりと教員の働き方に対する現状と改善する必要性について説明責任を果たせば理解はしてもらえるということです。結局は、子供たちに関わっていくことになるのですから。

働き方改革以外でも、生活科の学習等で町探検をする際に、子供たちの安全確保のためのボランティアをお願いすると、多くの保護者が快く手を挙げ集まってくれます。

保護者は自分の子供が世話になっているということもあり、学校や子供たちのために協力をしたいと思っているのかもしれません。学校は、もっと保護者を頼りにしてもいいのではないでしょうか。

**【働き方改革に向け、本市が学校・保護者・地域等に示したおもな取り組み例】**

○教育課程の見直し

・標準時数――各教科等の内容を指導するのに必要とされる時数を基礎として、国が定めたもの――を上限とした授業時数の見直し

・日課表の見直しの検討

○部活動指導の負担軽減

・部活動指導員――校長の監督を受け、部活動の技術指導や、大会、練習試合といった学校外での活動の引率等に携わる人材――の拡充

・休日部活動の地域移行――学校主体だった部活動を、新たに地域主体の活動に移行すること――の種目拡充

○企業等の連携

・民間プール施設等を活用した水泳授業の実践

○評価の検討

・定期テストのあり方や評価二期制の検討

○公会計の導入
・給食費会計処理の軽減・円滑化

## 保護者との関わり方

現在の立場にいると教員や学校の対応に対する苦情等を耳にします。そのなかで、苦情の内容を聞いて「もっともだ」と感じるものもあれば、「それは間違えているのでは」と感じるものもあります。

私が苦情等から受け取る印象は、ほんの僅かな対応のずれです。その要因のひとつに挙げられるのが、「言った」「言わない」ということです。保護者と学校側で問題を起こした子供の今後の対応について共通理解を図ったにもかかわらずこのようなことになるケースが散見されます。私自身も経験があります。

このようなときは話すことや考えることに夢中になってしまいがちです。話し合いが終了したあとに、安堵してしまい、肝心の協議した内容がおぼろげになってしまうことはありませんか。また、それぞれ立場が違うので、自分に都合よく解釈や判断をしてしまうことになりがちです。

大切なのは、しっかりとした記録を取ることと、確認を行うということだと思います。自分たちで記録を取ることができない場合には、話し合いの様子を録音することや、記録だけを担当する教員に入ってもらうことも必要でしょう。また、話し合いの最後には必ず「これでいいですね」と確認をすることも大切だと思います。

そのあとは、自分たちのやるべきことを粛々と行うことと、報告・連絡等を密に行うことが重要です。これで、多くの場合にはうまく事が運ぶはずです。

もうひとつは、解決を焦らないことです。問題等が起こった場合には、早期対応、早期解決が基本ですが、拙速に走って大切なことを見落としたり、ぞんざいに扱ったりすることで、却って問題が大きくなってしまうことがあります。急ぎながらも丁寧に慎重に進めていくことが大切だと思います。その際、欠かせないのが、問題対策の協議がどう進捗しているかについて、保護者に報告をしっかり行うということです。このように対応すれば、保護者も理解を示してくれるはずだと信じています。

## 生徒との関わり方

次は、生徒への対応についてです。保護者の対応は先述した通りですが、生徒への対応も大変重要だと思います。なぜなら、多くの場合、生徒から保護者へ情報が流れるからです。

生徒の納得が得られた場合には、保護者も理解を示してくれるケースが多いと思います。しかし、子供だからといって、軽く扱ったり、強引に事を進めたりすると、生徒が家に帰ってから、そのことを保護者に伝えます。親は何よりも自分の子供を信じたいし、大切にします。そうなると、黙ってはいられなくなり、トラブルになりがちです。

また、これまでの経験から言えることですが、子供は自分の都合の悪いことは言わなかったり、隠したりします。それを親がまともに聞いてしまい、事実と違うことを信じてしまうと、覆すことが困難な状況に陥ります。

だからこそ、そのようにならないようにする必要があります。このように書くと大変難しい対応をする必要があるように思われることでしょう。でも、そんなに難しいことではありません。具体的には、

**保護者に対して生徒よりも早く教員から正確な情報を伝える。**

だけです。

皆さんも経験があると思いますが、先に聞いたことのほうを信用しませんか。あとから聞いたことに対して「本当?」や「○○はこう言っていたよ」と問い返しを行ったことはありませんか。ニュースなどでの政治家の発言を聞いたときもそのようになりませんか。

つまり、この簡単な一手である初期対応さえ間違わなければ、ほぼうまくいくと思います。生徒との関わりで忘れてはいけないのは、普段からのコミュニケーションです。私がこれまで心がけてきたのは、毎日生徒全員と話をすることです。

簡単そうに思われる方もいると思いますが、意外に難しいことなのです。教室には30人程度の子供たちがいます。そのなかには、人と関わることに積極的な子供もいれば、そうではない子供もいます。積極的な子供の陰で話したいことがあっても、なかなか話せないことも多々あります。

このような場合に私がよく活用したのは、授業中での会話や宿題等の提出物です。授業中は、発言する場面がありますが、課題解決に向けてひとりで考える時間もあります。そのようなときに、学習の話をしながらも、気になったことについても小さな声で尋ねることもしました。また、子供たちが宿題で日記等を書いてきた場合には、日記の内容は確認したうえで、一人ひとりに最近の学習への取り組み方についてや日ごろの頑張り等、自分が見取ったことをメッセージとして書いて返しました。当然良いことも書きますが、ときにあえて悪かったことについても書きました。子供たちは、どんなことが書かれているのか興味津々で、そっとノートを開いていました。

さらに、反響があったのが、保護者からでした。子供たちが日記を書いているときに、私からのメッセージを読んでいたのでしょう。保護者からのメッセージが書かれていることもあり、情報の共有が図られたこともありました。

ある保護者からは、参観日等で顔を合わせたときに、「毎回楽しみに読ませていただいております」という言葉をいただき大変嬉しく思ったこともありました。

そういう反応等から、積極的に情報発信をしていけば、保護者が自分の子供を客観的に見ることができ、同時に学校の様子を理解することもできると感じ、担任をしていたときには、継続して実践をしていました。

そのお蔭で、保護者との問題はほとんどなかったと記憶しています。

前置きが長くなりましたが、ここで結論を述べましょう。大抵の保護者は学校での子供の様子を知りたがっています。それを「点」で知らせるだけでなく、可能な範囲で「線」にしてあげるだけで、学校や担任を信頼してくれるということです。

働き方改革に逆行しているように思われるかもしれませんが、この部分は教師としての本来あるべき姿だと思うし、教師の業務として外してはいけない本質であり、不易な部分だと私は信じています。この部分で手を抜いてしまうと、大きなしっぺ返しが来ると思います。

**根本太一郎**

2024年4月から、1年生のクラスの学級担任をしています。第3章で述べましたが、今年度は「学級通信」の100枚発行を目標としています。本章では、「学級通信」での取り組みを中心に、保護者とどのように連携を図っているのか、紹介します。

**そもそも、どんな学級をめざしているのか——学級経営の理念の共有——**

『黒子先生の見えざる指導力』（横田富信著　東洋館出版社）という書籍に以下のような一節があります。

黒子としてのリーダーシップを発揮することができれば、子どもは「ぜんぶ自分の力だ」と思い込んで、自ら舞台に上がれるようになる。

教員になってから数年になりますが、周囲の同僚のようにカリスマ性やリーダーシップをもって生徒を引っ張ることに難しさを感じていました。そんなとき、この本と出合いました。熱い言葉で引っ張ったり、何か特別な才能を発揮して憧れを引き出したりするのではなく、

「陰で支えるリーダーシップ」をめざすことで、生徒自身が何事も「自分の力」でできるようになったという気持ちをもたせることができる教師になりたい……そう思うようになりました。
さらに、前述したようにいまの社会は、変化が目まぐるしく、すぐ先の未来すら予測不可能です。だからこそ、子供たちには変化や挑戦を恐れず、いつも一歩「前へ」踏み出してほしい。そんな思いを常に大切にして指導にあたっています。
また、前述の横田氏の本にはこのようにも記されています。

「情熱」の表現の仕方を間違えないことが大切だと思います。教師個人の価値観を全面に打ち出すような表現であれば、その価値観と相容れない子どもは、その担任が変わり続けるまで悩み続けます。その間、自分の感情を封じ込めてしまうでしょう。

私は自らの考えを押し付けようとしたり、自分の考えが正解であるかのように伝えたりするのではなく、「どうしたら良いか」「自分はどうなりたいか」「なんのためにやるのか」「そもそも～」など、生徒自信が自ら問い、判断し、行動指針を決定できるような声掛けを意識しています。あくまで行動の主体は生徒にあります。教員の価値観を強いるのではなく、自ら決定できるようになってほしいものです。

こういった、学級や生徒に対する指導の理念は、目の前の生徒たちに伝えることはできても、保護者にはなかなか伝えることができません。そのため、「学級通信」でその時期やタイミングに合わせたものを届けることを意識しています。また、時期によっては、安全面の注意も促しています。ゴールデンウィークや夏休みの過ごし方や留意点が代表的です。

学習面でもテスト前後では、その取り組み方や反省点について記しています。前提として生徒に伝えるように記しますが、じつは生徒・保護者の両方を意識して作成しています。教師の役割は生徒のそばにいて、そっと背中を押す……そんな立ち振る舞いをめざしたいものです。

以下はそれを意識して記した「学級通信」の一部です。

4月もいよいよ最終週になりました。だんだん学校生活にも慣れ、自らのリズムで過ごせるようになってきました。授業でも活発に意見を交わしあったり、ほかの人の意見を参考に深めたりするなど、質の向上が目立ち始めました。良い兆候です。ぜひ、これからもどんどんレベルアップを図ってほしいと思います。さて、24日（水）3時間目の総合の授業で、よりよいクラスになるために必要なことについて、話し合いました。①クラスの良いところ②クラスの改善点③クラスのみんなが困っていることの3つのテーマに分けて深堀りしました。学校目標・学年目標・学級目標の実現のため、慣れてきた今だからこそ、立ち止まって考える必要があると思います。その中である生徒が、「意識するだけでなく行動に移そう」と話してくれました。素晴らしいことです。ぜひ、話し合って終わりではなく、よりよい学級に向けて自ら行動を起こすことができるようになってほしいと思います。

（「学級通信第6号」２０２４年４月25日発行から抜粋）

**努力を習慣とすること**

「歯磨きってみんな、努力してますか？」最近このような話を帰りのＳＨＲでしましたが、覚えていますでしょうか。みんな苦笑いしながらこの話を聞いてましたよね。そもそも歯磨きって努力するものではなく、毎日食後に当然のようにやってると思いますが、いかがでしょうか。笑「努力」と聞くと、何か苦労を強いるもの、我慢しながらこつこつと学ばざるを得ないようにイメージしてしまいます。実際、何かを成し遂げたり、大きな成果を上げるためには、ある程度日常生活の一部分を我慢して、その目標達成に向けて努力を重ねる必要もあります。しかし、毎日がそればかりでは、精神的に参ってしまう時もあります。疲れてしまいますよね。

それを解消するために効果的なのが努力を「習慣」にする事です。負担の少ない状況にして、持続可能な形で学習を進められる環境を作る事です。例えば、「寝る前に5分だけ単語帳を読む」「朝登校したら10個だけ漢字の書き取りをする」「授業が始まる前の1・2分は単語や漢字の勉強に充てる」など、これらが自動的にできるようになったらもはや「習慣化」成功です。ぜひ試してみましょう。（「学級通信第50号」２０２４年10月15日発行から抜粋）

## 即時的共有を大切にする─教室の熱をそのまま届ける─

『黒子先生の見えざる指導力』によると、「子どもに委ねるべきは委ねる、そうすべきでない事柄は教師が決める、この抜き差しが大事だと思います」とのことです。

この本ではおもに係活動について記してあります。私はそれを、教育活動全般でも共通すると考え、これを学級経営の「軸」としています。

生徒が自ら決定し、判断して、行動した結果、うまくできたことこそ、積極的にその活躍を保護者に届けるべきだと私は考えます。なぜなら、生徒の成長は学校だけのものではなく、家庭での指導、そしてこれまでの人生の積み重ねによると思っています。生徒が自らの力で「花開いた」瞬間こそ、保護者に伝え、その喜びを分かち合いたい。さらに、生徒にも共有することで、その活躍したという自己肯定感・自己有用感を高めたり、周りの生徒からの賞賛へと促したいと考えています。たとえば「学級通信」には次のように記しました。

**興味を持ったことを追究することが本当の探究ということ**

昨日、みんなの自主学習を見て、あまりにも素晴らしい出来だったので、感激したものを紹介します。みなさんは「アイヌ民族」というものを知っていますか？　北海道を中心に伝統的な生活を守って暮らす先住民族の人たちです。こちらについて、マンガから興味を持ち、その生活習慣や言葉について調べ、まとめ上げたものが上のノートです。本当に立派です。自分が興味を持ったことについて具体的にまとめ、表現することはなかなかできません。こういったように、自分が関心や興味を持ったことを中心に学び始めることが「探究」の第一歩です。好きこそ学びの原動力です。ぜひこれを参考に、みなさんも好きを膨らませ、どんどん学びを広げ、深めていきましょう。テストが終わった今だからこそ、取り組んでいくチャンスですよ！

（「学級通信第22号」２０２４年６月18日発行から抜粋）

**出会いと別れの繰り返し**

みんなとてもいい表情をしていますね。以下にある○○先生との写真ですが、月曜日、サプライズで教室に来てくださいました。実習に関する書類の提出にあわせ、みんなと集合写真を撮るために来てくださいました。ありがたいですね。３週間の思い出が蘇った人もいるのではないでしょうか。

さて、上のテーマについて考えていきます。人生は、「出会いと別れの繰り返し」です。皆さんもこれまでの小学校での友人と離れ、この学校・学級で新しい出会いに恵まれました。一方で、半年後にはこのクラスは解散し、新しいメンバーで過ごすことになります。5年後には、それぞれが別々の進路を歩み、また新しい世界に出会うようになります。このように、毎年のようにたくさんの出会いと別れを繰り返しながら人生は築き上げていきます。だからこそ、このメンバーがこの1Cに揃ったことは「奇跡」です。私は、この1Cのメンバーで良かったと思えるよう、残りの半年間も有意義な時間にして欲しいと思っています。特にオープンハウスや京都・奈良研修を通して、より絆を深めることを期待しています。友情を結び、まさに「一生もの」の絆が生まれることができるよう、仲を深めて欲しいなと思います。

（「学級通信第46号」２０２４年10月4日発行から抜粋）

## 学級は教師だけでなく、生徒・保護者と三位一体になってつくり上げるもの

学級とは教師・生徒・保護者が三位一体となって作り上げていくものと私は捉えています。だからこそ指導理念や方針を繰り返し伝えることで、生徒指導のズレを防ぐことをめざします。また、学級の「熱」を保護者に伝えることで「感動」を生み出し、ともに学級に参画して

いるという意識の醸成も図ります。

そして、私は、何よりも日々の成長をともに振り返ることを大切にしています。一日一日はあっという間に駆け抜けていきます。意識していないと一瞬で過ぎ去っていきます。だからこそ「節目」の時期にこれまでの成長の様子を振り返らせることを大切にしています。そこには、その振り返りで自分自身や級友を称え合い、前向きな気持ちで次のステージへ進んでほしいという願いがあります。

以下に引用したのは夏休み前に配布した「学級通信」です。夜中に完成して私自身読みながら、しみじみと感動が込み上げてきたことをいまでも覚えています。波乱万丈の日々を過ごすなか、立ち止まったときに覚える「達成感」「感動」「喜び」などを生徒や保護者と一緒に味わっていけるよう、これからも引き続き、努めてまいりたいと思います。

**入学からの日々を振り返って**

みなさん、長い期間大変お疲れ様でした。４月からそれぞれ別々の小学校からこの土浦日本大学中等教育学校に集い、もう３ヶ月が経過しました。あっという間の日々でした。入学式にあどけなく見えた表情も少しずつ大人びてきたり、一つ一つのことに不安を感じていたのが、堂々と立ち振る舞えるようになったりと、大きく成長しましたね。日々のみなさんの成長に心から感心しています。ここまでよく頑張ってきましたね。みなさん一人一人の頑張りに大きな拍手を送りたいと思います。

さて、4月からのみなさんの活躍を振り返りましょう。まずは4月。期待に胸を膨らませていた入学式や圧倒された対面式、毎日目にする全てが驚きの連続でしたね。そんな中で着実に学校生活に慣れていったみなさんに感心していました。私の誕生日も盛大に祝ってもらい、みんなの前で涙したのも懐かしい思い出です。5月になると授業参観週間や、Global Ethicsの開始、三者面談に総合学力テストと盛りだくさんでした。初めてのテストはどうでしたか？　この時味わった達成感や悔しさを次の9月のテストに活かしましょう。6月になると校内奉仕活動、そして何よりもSports Day! みんなが日に日にダンスを上達させていったことにすごくびっくりしていました。当日は音楽が止まるハプニングがあってもなんとかやり切ることができて感動しました。そして7月は蓼科研修に、本日の合同HR。改めて振り返ると、本当にあっという間の日々ですね。こうやってみんなが着実に成長し、歩みを進めていったことがわかります。夏休み明けはオープンハウスの準備が本格化していきます。ここでみなさんとまた新たに最高の思い出を築き上げましょう。「やっぱりC組No．1!」これを何回言えることができるかな。楽しみにしてますね。

（「学級通信第31号」2024年7月20日発行から抜粋）

## 保護者からの声

最後に私の「学級通信」に寄せられた保護者の声を引用します。こういう声をいただくと、ありがたいです。この思いに応えられるよう、今後も情報発信に努めたいと思います。

・年間100号というものは言葉でいってしまうと簡単そうに思えますが、3日に1枚のペースで出すということは労力はもちろん、精神力、さらに子供達との約束という信頼関係構築のとても大事な試みだと思います。また、子供達に自ら発し、達成することは子供達にとって有言実行することと、チャレンジすることを恐れないという姿勢を垣間見られる良い手本になっていると思います。
・学校活動に子供がどう関わっているかが細かくわかるのでありがたいです。
・クラスの様子が伝わり、安心感がもてます。作成されるのは大変だと思いますが、拝読するのを楽しみにしています。
・学校の様子、また今の周囲のお子さんの状況を通して自分の子供を客観的に見るための多くのヒントを頂けて、毎号の発行を楽しみにしています。ご多用の中、ほぼ毎日のように熱く、温かい通信を作成してくださっている、そのことが、子供たちが先生に日々あたたかく見守っていただき、成長を喜んでくださっていることを伝えてくれ、子供の居場所があることに心より感謝しています。
・学級通信がきっかけで学校生活の話をいろいろするようになりました。29号30号のように、子供達のコメントを見られるのも嬉しいです。46号のように大きな集合写真も嬉しいです。飾ってあります。

# 第7章　行政や地域との関わりについて

## 学校は地域の中心

永井　崇

私の業務のひとつに学校の統廃合があります。今年（２０２４年）も三つの小学校とひとつの中学校を義務教育学校――学校教育制度の多様化と弾力化を推進するため、小学校から中学校までの義務教育を一貫して行うことを趣旨として２０１６年から制度化された新たな学校種――に移行する話し合いを進め、学校、保護者、地域から同意を得ることができました。

私が担当したのは保護者や地域から義務教育学校への移行に向け、理解を得られはじめていた時期でしたので、前任者よりは地域等からの苦情は少なくなっていました。それでも、移行に向けた説明会の場では、地区の住民から反対の意見を多数いただきました。そのなかには「なんて酷いことを言うんだろう」と思わされるものもあり、心が折れそうになったことを思い出します。地区からまた説明会を行ってほしいという連絡を受けた際には、「二度と行くものか」「何を説明すればいいのか」と否定的になっていました。

幸いにして、何度か説明会を行っていくうちに、移行に向け前向きな姿勢を感じるようになり、地区の住民とコミュニケーションが取れるようになってきました。すると、彼らの気持ちが理解できるようになり、反対をしていた想いにも触れることができるようになりました。それは、まっすぐな「学校」への想いでした。

私はこれまで街中にある大きな学校での勤務が多かったので、統廃合になる学校に勤務したことはありませんでした。また、子供のころに通った小・中学校はいまも子供の数が多く、統廃合になることはありません。だから、自分が学んだ学校がなくなることを深く考えたことはありませんでした。

さらに、卒業してからは母校とは疎遠になっており、愛校心のようなものはほとんどありませんでした。しかし、町の中心から離れた地区等はいまだに、学校＝子供の学びの場だけでなく、地域のコミュニティの中心の場——学校があるから住民が集まることができる——となっていることを大変強く感じます。運動会などがいい例です。

仮に、学校がなくなってしまったら、その機会を失うことになります。つまり住民同士の交流の場がなくなってしまうことになり、地域が崩壊してしまうのではないかという危機感を覚えているのだろうと思います。だからこそ、統廃合の説明会を行っていると、高齢者になるほど反対意見を出してくる傾向があった……そう思います。

説明会で顔を合わせるのは辛かったのですが、彼らの気持ちがわかってからは、苦にならなくなりました。お蔭さまで、いまでは冗談も言い合える関係になっています。

これから人口減少により、学校の統廃合はますます進むと思います。本市におきましても20

年後には現在の半分の学校数になるだろうと言われています。そうなると、統廃合に向けた説明会をさまざまなところで実施していくことになります。行政はこのような住民の気持ちをしっかりと理解したうえで、寄り添いながら丁寧な説明をすることが必須になると思います。

## 行政の役割

働き方改革が本格的に叫ばれてから数年が経ちました。これまでも教員の働き方改革に取り組んでこなかったわけではありませんが、進まなかった背景には、学校独自で取り組んでいたことが挙げられます。

本市では、教員の働き方改革を加速させるために、学校や地区の皆さんに働き方改革推進への理解を求めるメッセージを、市長と教育長の連名で令和６（２０２４）年４月に発出しました――本市のホームページでご覧いただけます。

これまでそれぞれの学校独自で取り組んでいた働き方改革に対して、教育委員会、即ち行政が具体例を示すことで、時間外勤務時間は短縮されはじめました。学校側としても自分たちだけがやっても、保護者や地域の人たちが納得してもらえるのか不安で、やりにくかった点もあったと思います。行政がリーダーシップを執って保護者や地域への説明の後ろ盾になることで、学校が楽になりたいだけという誤解を招くことなく進めることができたのだと思います。

要するに、行政が本気になれば学校側も変わるということです。

## 少々違った視点から

教育委員会には学校現場から派遣されている、所謂《いわゆる》教員のほかに、市役所の職員が何人か在籍しています。先日、私が市役所の職員としていた他愛のない話から、行政と学校職員の感覚の違いがはっきりわかったことがあります。

それは年次有給休暇（年休）についてです。私たち教員の感覚としては、年休が通常であれば、1年間で「20日間」取得できます。そこに前年度の繰り越しが加わって、最大「40日」になるのが一般的です。

誰に言われたわけではありませんが、教員はこの40という数にこだわっています。取得できる年休数が40よりも下回ると、「休みすぎ」と見られたり、何かあったのかと勘繰られたりし、取得できる有給休暇が「40日ある」ことに固執しがちです。

しかし、市役所の職員からすると、年休はあるのだから使うべきという考えのもと、有給休暇は可能な限り取得しているというのです。だから、1年間で使える年次有給休暇はそもそも最大の40日から始まっていないというのです。「私はあと35日しかないですよ」と明るく話をしてくれました。私の席の近くの複数の同僚です。

市役所だからといって休みやすいかと言われれば、決して、そのようには思えません。計画的に年次有給休暇を使用しているだけなのです。目から鱗《うろこ》でした。この感覚が学校現場にも欲しいと思いました。

誰が決めたかはわかりませんが、いつの間にか「教員は休めない」「学校は休んじゃいけないところ」と勝手に決め込んでいたような気がします。当然そこには子供がいるからという理由で。

もうひとつ例があります。昔のことなので正しい情報かどうかわかりませんが、教員が平日、年次有給休暇を取ってゴルフをしていたことがニュースになったような記憶があります。そのときは私にも働き方改革の視点がありませんでしたから、「なんて悪い先生なんだろう。信じられない」と思いました。

しかし、改めて考えてみると、年次有給休暇を取って何をしようが法令等に触れない限り、自由なのです。その意味でこのゴルフに行った教員のことを考えてみると、なんら悪くないということになります。むしろ、いい道筋を切り開いてくれたと拍手を送りたい気持ちになります。

市役所の職員と一緒に仕事をしていることで、教員と市役所職員とは考え方がまったく違うことに気が付きました。このような市役所職員の感覚を教員に、ぜひ伝えるべきです。

異業種の方と触れ合ってみることはとても意味があると改めて気付かされました。

根本太一郎

## なぜ地域から学ぶ必要があるのか

生徒がどうやったら社会科の学びを我が事として捉え、「面白い」と思って追究してくれるのか。これは私の授業における永遠のテーマです。

第5章でも述べましたが、地域を題材に取り扱うことで、生徒たちは目の前の学びが普段の生活と強くつながります。すると、その教材が身近なものとして浮かびあがり、学ぶことの必然性や意味がその生徒にとって強くなります。

たとえば、町内にある防災緑地や石碑、地域に配布されるハザードマップを題材にするとします。するとそれまであまり気に留めていなかった普段の登下校で目にする景色や、家庭に必ず置かれている防災に関する冊子が授業の「教材」になることに気づけます。これにより授業の学びと生活がひもづけられ、その意義や背景に関心をもって迫りやすくなります。

また、教員自らも「理解を深めよう」と町に出て、普段目に留まらないものに興味が湧いたりすることで、授業での活用アイディアが生まれたりします。さらには「感性」も磨かれます。

私自身、先輩教員から以前、生徒理解のためにも地域を見て回ることはとても有効であると教えられました。何よりも、純粋に、地域を知ることで、新たな気づきや学びが増えて、「豊かな」人生になります――もちろん、生徒もそうです。
そもそも、「地域」とはどんな意味であるのか。文部科学省『中学校学習指導要領（平成29年告示）中学校　社会科編』には次のようにあります。

ある地域は、固有の要素により特徴づけられた一定の空間的ひろがりをもつ区域である。例えば、政治的要素からみれば、国家や都市が、自然的要素では、気候や植生地帯が、さらに社会・経済的要素からは、開発の進んだ国々と低開発諸国などが区分される。地域は、空間的にも時間的にも躍動的なものである。地域は、研究のための、あるいは変貌をとげる環境としての基礎単位として取り扱うことができる。地理学者は、地域をいろいろと異なった規模、つまり地域社会、国家、大陸、地球規模で研究の対象とする。地域のもつ統合的システムは、一つの地球的生態系の概念へと導かれる。地球システムの中の異なる地域の構造と発展過程の理解は、人々の地域的、国家的アイデンティティ及び国際的立場を明らかにするための基礎となる。

また、地域については「問い」との関連について、次のように記述があります。

意味のある空間的範囲という地域の捉え方をすることで、その地域の特色は明確になり、そこに関わる人々の生活との関わりが捉えやすくなる。「その地域は、どのような特徴があるのか」、「この地域と他の地域ではどこが異なっているのか」という問いを通して、地域の特色を明らかにすることができる。

「なぜ、ここ（この地域）はそのようになったのか」という問いでは、この地域が、分布パターンからどのような一般的共通性の下、場所の特徴からどのような地方的特殊性をもち、人々の生活と自然環境がどのように関わり、他地域とどのように結び付き、それらの関係がどのように変容しながら、現在の地域が形成されたのかを考察することができる。

地域を捉える際には、現在の地域だけでなく、変容してきた、変容していく地域も視野に入れ、過去、現在、将来を見通す観点も必要である。地域は空間的にも時間的にも可変的な存在である。どのような事象を対象として空間的に捉えようとするのか、その目的により、対象となる地域の規模は異なってくる。

また、地域に関しては、「どのような地域にすべきか」という問いもよく投げかけられるところである。そのために私たちは将来どのような意思決定をし、どのような行動をすべきなのかといったことを見据え、地理的な課題を、そうした問いを通して捉え、多面的・多角的に考察し、構想（選択・判断）する力を養うことが大切である。

上記のように、地域とは、広く意味を定義づけられ、解釈によってさまざまな見方や考え方ができるものと言えます。また、そこにさまざまな問いを投げかけることにより、地域の特色が浮き彫りになり、その特色が明確になったり、営みがはっきりと浮かんできたりするとも言えます。

つまり、地域とは私たちの身の回りの物すべてに関わる事柄や事象であり、変容するものであります。さらには、その「地域」について、どのように意思決定して関わっていくべきかが求められるものとも言えるでしょう。

それでは、私自身がなぜ地域から学び、どのように地域から学んでいるのか。そして、どのように教育活動や自分の生き方に還元しているのかを説明します。

## 地域を学ぶこと、それ自体が楽しい

私が担当する社会科は、中学校では歴史的分野・地理的分野・公民的分野に分かれ、それが高等学校に進むとさらに細分化されていきます。それに比例するかのように、扱う「地域」は過去や未来も含めた幅広い範囲となっていきます。まさに縦横無尽に、手に負えないほどの広い範囲を占めていると言っても過言ではありません。

そのあまりにも広い範囲での学びが、私はとにかく楽しくて仕方ないのです。

たとえば、縄文時代に始まり、アメリカ州の自然環境や地形、選挙権や需要と供給……社会科のすべての題材ごとに関わる「地域」の視点があります。その視点に応じて学びが新たに生まれ、追究していくことにやりがいや生きがいを感じています。

具体例を挙げると、私が勤務している茨城県土浦市も「地域」を視点にすると、さまざまな側面が見えてきます。

・レンコンの生産量は茨城県が日本一。その大多数を土浦市で生産している
・霞ヶ浦周辺は「軍都」として発展を遂げてきた。大正11（1922）年に霞ヶ浦海軍航空隊が設置され、航空機の開発や訓練が行われた
・上野～土浦間は最速で1時間3分。首都圏のベッドタウンとしての役割もある

このように、私の身の回りのすべてを「地域」と捉え、それを探求していく過程にこそ、学びが満ちています。この学びの過程と、その後のいろいろな人やものとの出逢いによってまた新しい見方や考え方との出合いを楽しんでいます。何よりも「地域を学ぶ」ことが楽しい。これに尽きます。

## 偶然の出合いを楽しむため

たとえば、授業づくりや学級経営についてのアイディアを出そうと椅子に座って机に向かっていても、なかなか構想は生まれません。よく、シャワーを浴びているときに思いもよらないアイディアが浮かぶなどと言われますが、私にとっては、ふらりと家の周辺を散歩したり、勤務後に普段と違う道を通ったり、土日にちょっと離れた自治体に行ってみたりすることでアイディアが生まれます。

たとえば、家の周辺ですれ違った子供連れの方の様子を見ることで社会保障制度について考えたり、車で通った道から緑地化をめざした街づくりの目的について考えたりすることもあります。

また、行く機会がなかなかない自治体に行くことで、自分の住む地域との違いや共通点、その土地ならではの魅力について、理解することにつながります。

思い浮かんだことは、すぐにスマートフォンのメモ機能を使って記録します。授業の分野や場面に応じてフォルダ分けしているので、困ったときの助けにもなります。これは教員に限らず、一般企業や公務員など、異業種の方にも応用できることだと思います。

## 生徒理解のため

「時間があるときには車に乗って生徒の住んでいる街を見よ」

これは、初めて勤務した学校の生徒指導主事の同僚に言われた言葉です。町を見て回ることにより、生徒が実際に見ている街並みや景色や空気感について五感をもって体験することができます。

また、「生徒なら」と想像しながら道を通ったり、実際に商業施設を利用したりすることで、生徒指導や授業づくりのヒントになります。

たとえば、本校のすぐ近くにある霞ヶ浦周辺のレンコンの生産について、その地理的特異性について考察するために、その湖の近くの写真を使って授業の導入にすると、一気に親近感が湧くでしょう。

また、首都圏への通勤・通学について考察する場合、本校に通う生徒がよく利用するつくばエクスプレスの車内の混雑の写真や、駅の乗降客数のデータを利用すれば、抽象的な教科書の記述が一気に具体化して身近なものとして迫ってきます。

さらには、会話の糸口にもなります。「〇〇行ったよ！　行ったことある？」「近くに〇〇があるんだね」「〇〇さん、だいぶ遠いところから来てるんだな。頑張ってるな！」などこういったことをきっかけに会話が膨らみ、より一層の生徒理解や信頼関係の構築につながります。

これも、教員に限らず、とくに営業に関する仕事であれば、そのターゲットとなる地域を知ることと共通しているでしょう。

## 専門的な知見を得るため

『流山がすごい』（大西康之著　新潮新書）という本を読んだとき、関東地方における首都圏への通勤・通学や街づくりの工夫についての学習をする際の題材として、流山市を取り上げたいと閃《ひらめ》きました。

しかし、千葉県流山市に関する専門的な知見はもち合わせていません。そこで、私はSNSでつながっていた、流山市議会議員の矢口輝美さんに連絡をとりました。その後、矢口さんには直接お会いいただき、流山市の成り立ちや首都圏との結びつき、産業の特色等、さまざまな視点からご説明をいただきました。

昔は水運の要衝として栄えていたこと。その後、どのような都市整備が計画されて、街が変容していったのか。いまはつくばエクスプレスの駅周辺の地価が高騰しつづけていることなど……。じつにさまざまな視点からお聞きし、新たな発見や問いが私の中に生まれました。また、実際に市の施設や商店、企業を回りながら五感で感じることにより、流山市が現在、勢いをもって発展していることへの実感が湧きました。こういった話は、本で読むよりも、街に出て、直接話を聞くことで実感が数千倍多く湧き上がります。まさに、「百聞は一見にしかず」です。

このように、その土地や分野についての専門家から直接話をお聞きすることで、学びはより確かなものとなります。

ほかにも、福島県のエネルギー政策について学びを深めようと思い立ったときには、東京電力廃炉資料館、とみおかアーカイブ・ミュージアムへ行き、企業側の視点・町側の視点の双方から学びを深めたこともあります。

じつは、前述の矢口輝美さんとは、本校において、防災についてのワークショップを開催する予定でもあります。流山防災まちづくりプロジェクトを主催している縁から、また話が広がりました。具体的には、関東地方ＥＳＤ活動支援センター――「Education for Sustainable Development＝持続可能な開発のための教育」を日本各地に広げていくための組織であるＥＳＤ活動支援センター〈全国センター〉の下部組織――とコラボし、災害発生時に、地域の一員としてどのように対応すれば良いか、生徒一人ひとりが考えるきっかけにできるような企画です。この事例も、より専門的な方々を巻き込むことで、重層的な学びを生み出すことができると考えます。

専門的な知見を得ることで、より一層、生徒たちにとって効果的な学びになる。そう信じ、これからも外部との連携を図っていこうと思います。

## 人生を豊かにする学びをめざす――自らも社会に参画する一員として

『「教える」ということ――日本を救う、〔尖った人〕を増やすには』（出口治明　角川新書）には、「人×本×旅」から学ぶということが必要と書いてあります。

そのくだりを読んだとき、はっとしたのを思い出します。そもそも人間は人から教わることで自分を成長させられます。しかし、先生や家族、地域社会の人たちなど、身近な人から学ぶことはできますが、昔の時代に生きた人やはるか遠方にいる人から直接学ぶのは困難です。

しかし本を読めばそれが可能になります。本から得た情報により、さらに社会を捉える見方・考え方を修得したいと思います。

そして、「旅」こそまさしく地域を知ることです。旅による移動によって新たな気づきや発見へとつながることは間違いありません。自らが社会に参画する一員として、「人×本×旅」をモットーに、まずは地域を知るために足を運び、五感で得たものを人生へと還元していきたいと思います。

## 地域を知り、地域から学ぶということ～フィールドワークを通して～

私は長期休みを活用して、地域の史跡や博物館等を訪れています。今年（令和６〔２０２４〕年）の夏も同僚、それから他校の先生と二日かけて史跡や博物館等を訪れ、五感で学び取ってきました。

ここでは、８月18日のフィールドワークを通して、私にとってどんな学びがあったのか、その過程を追体験し、感じ取っていただけたらと思います。

## 道中もすべて学びになる

本校同僚のＯ先生と朝８時ごろに合流し、クルマで茨城空港へと向かいました。Ｏ先生は日本史が専門で、教員経験５年目の才能溢れる有望な先生です。日本史だけでなく、さまざまな文化についての造詣が深く、いつも学ばせていただいています。また、生まれも育ちも茨城県ということもあり、地元の地理や歴史にも非常に詳しいです。

空港へ向かう車内では普段の職場同様、社会科の授業づくりや歴史のエピソードについての話題が絶えません。互いの授業に対する想いや授業構想について語り合いました。また、通過する自治体について、都度説明をしてくれました。茨城空港は航空自衛隊の百里基地が隣接していること、昔、年末の某バラエティ番組で撮影に使われていたことなど。自分では気づかない視点をＯ先生が教えてくれるので、新たな発見や気づきが絶えません。

茨城空港に着くと、就航路線などが気になります。なぜこのような都市と結びついているのか。そもそもなぜ北海道が本社のコンビニ、セイコーマートが空港内にあるのか。気になることでいっぱいです。

互いに気づいたことや感じたことについて話し合うことで、話題がより深まっていきました。ここで神戸からいらっしゃった関西学院大学附属小学校の宗實《むねざね》直樹《なおき》先生をお迎えしました。お隣の栃木県でのセミナーを翌日に控えていたので、茨城県の県南部を中心に私たちと一緒にフィールドワークをすることになったのです。

## 予科練平和記念館にて

さて茨城空港を出発したあと、阿見町にある予科練平和記念館へと向かいました。空港から南下して霞ヶ浦周辺を通過し、目的地へ向かいます。途中、霞ヶ浦の近くではレンコン畑が一面に広がります。「なぜレンコンの生産量が日本一なのか」「〇〇もレンコンを生産しているけど、どんな共通点があるのか」「なぜ数ある野菜のなかでレンコンがこの地に適しているのか」など、どんどん話し合います。車窓から眺める景色も私たちにとっては学びと変わります。

その後、たまたま焼き芋専門店の近くを通りかかると、Ｏ先生が「この辺では冬になると、焼き芋を毎日のように食べます。私も小さいころからこたつに入って食べていました」と話してくれました。「冬、こたつとセットになるのはみかんでは？」と私と宗實先生は顔を合わせて驚きます。「せっかくだから焼き芋食べてみようか」という宗實先生の言葉から、購入して食べてみます。熟成されているからか、じんわりと蜜が出たり、口に運んだときの味わったことのない甘さだったり……さすがサツマイモの農業産出額が全国第1位、栽培面積・生産量でも全国第2位の茨城県です。ただ数字として学ぶのではなく、「五感」を通すことでより深い知識となります。

目的地の予科練平和記念館に辿りつきます。そもそも、なぜ阿見町に予科練（海軍飛行予科練習生）の記念館があるのでしょうか。阿見町は、かつて「海軍航空の町」と呼ばれ、霞ヶ浦航空隊が設置されるなど、日本の航空基地として重要な役割を果たしていました。昭和14（1939）年には神奈川県横須賀市から予科練の学校が移転し、最重要拠点となりました。

展示を見ながら、O先生、宗實先生と気づきを共有し合いながら進みます。じつは本校の3年生は、毎年平和教育の一環で同施設を訪れます。「私たちの目の前の生徒は、70年前だったらここで学んでいるのかもしれませんね。そう思うと、言葉では言い表せない気持ちになります」。O先生は、目を伏せながら私に呟きました。私は言葉になりませんでした。

当時の予科練のカリキュラムや教科書、授業の様子等から「とても高度なことを学んでいるよな。私たちの時代よりもはるかにレベルが高いよ」と宗實先生がおっしゃいます。当時、高倍率をくぐり抜き、全国から選りすぐりのエリートが集まっていたとはいえ、ノートや時間割を見ると、現在の教育内容よりずっと高度な水準の教育がされていたことがわかります。

しかし、ここで学んだ学生たちは出征していきます。特攻隊の一員として戦地に向かった人たちもいました。ここで学んでいた予科練生たちの写真、手紙、遺品等から、彼らがここで生き、学んでいた証を垣間見ました。「なぜこんなにも有能な人たちが命を落とさなくてはいけなかったのか」「なぜ、学生たちを戦地へ送らなければいけなかったのか」「なぜ、被害が広がっても戦争を止めることができなかったのか」……展示を見れば見るほど会話が深まってきます。会話を通して、自分と先生方の考えの共通点や相違点が浮き彫りになります。さらに、自分の考えが更新され、より深化しながら対話を重ねることができます。それと同時に、どうやって授業に今回感じたことを取り入れるかを考えます。

普段学校や家庭では「本物」に触れる機会はなかなかありません。現地に赴くことで、感情に直接働きかけてくるものもあります。「教師の心に大きく働きかけてくるもの」をこそ、授業に取り入れたいと思っています。

「戦争」という抽象的なものから、目の前の予科練生一人ひとりの人生に触れることにより、「個人」としてその存在がありありと浮かびあがってきます。実態を伴った学びとして生徒が我が事として捉えられるよう、まず教師が感じ取ることが必要だと痛感しました。

施設を出たときに見た青空。当時の人たちは霞ヶ浦の水面を見ながら同じ青空の下でどんなことを考えたのか。同じひとりの人間として、彼らと同じような状況になったとき、自分には何ができるのか。それを考えさせてくれる学びでした。

## 地質標本館にて

次に隣のつくば市にあるふたつの施設に向かいました。

まず、地質標本館に向かいます。ここは、産業技術総合研究所の地質調査総合センターが運営する博物館です。日本最大級の地球科学博物館として、岩石、鉱物、化石等、地球の長い歴史を物語る貴重な標本が数多く展示されています。日本各地はもちろん、世界各地から集められたさまざまな岩石や鉱物、恐竜の骨格標本から微小なプランクトンの化石まで、多様な生物の痕跡を展示しています。

さらに火山噴火、地震、プレートテクトニクスなど、地球を形づくるダイナミックな現象を模型や映像でわかりやすく解説しています。ここからは前述のセミナーを主催する五十嵐太一先生ご一家も合流して見学をします。

たまたまこの日は常設展示に加え、地震の仕組みに関する企画展も行われていました。そのなかで天然炭酸水が100年近く前から飲まれていたことがわかる資料がありました。宗實先生が、「これ俺の地元のことだね。どうして昔から飲まれていたんだろう」「昔は医療を目的として飲まれていたんだね」など、いまと昔を比較したり、地域ならではの特色について深掘りして考察します。たしかに日本列島でもどうして一部の地域でのみ自然炭酸水が湧き出るのか……興味が湧きます。対話を通して、新たな疑問や追究意欲につながることを実感しました。

じつは私は鉱物や化石がとても好きです。自然界からなぜこのような美しい色合いや形になって生み出されるのか。それが純粋に不思議で仕方ありません。O先生と一緒に展示を回りながら、一方的に魅力や美しさについて語ってしまいました。展示を通して自分の「好き」に向き合えることも見学の良さでもあります。

さらに、宗實先生が五十嵐先生のお子さんたちに、展示を通して問いを投げかけていました。「どうして～なのか」「なぜ～なのか」……その様子や表情から、展示物を通した対話が生まれていました。目の前の展示物が子供にとっても「学び」に変わる瞬間を見せていただきました。

## 地図と測量の科学館にて

最後に、地図と測量の科学館に向かいました。ここは国土交通省国土地理院が運営する施設で、地図や測量に関する知識を深めることができる博物館です。地図の歴史や測量技術の進化、そしてそれらが私たちの生活にどのように役立っているのかを、種々の展示を通して学ぶことができます。

また、古地図から最新のデジタル地図まで、地図の変遷を辿ることもできます。最新のGP

S機器から歴史的な測量器具まで、測量に使われる機器も展示されていて、その進化を体感できます。さらに災害と地図という関わりから、地震や津波等の災害時に地図がどのように役立つのかが解説されていました。最新の測量技術や地理情報システム（ＧＩＳ）についても学ぶことができます。地図好きの私にとってまさに夢のような施設でした。

施設に入るとフロアいっぱいに北海道から沖縄までが床に描かれています。それも、北は北方領土、西は与那国島まで網羅されています。五十嵐先生のお子さんがその大きさに驚きながら端から端まで走っているのを見て、日本列島の東西南北の大きさを実感しました。

子供たちは素直です。実感を伴って驚いている様子から、私も授業を通して「驚き」を提供できているのか、またその地理的な特色や広がり、位置関係について、どれだけ生徒たちに実感させることができているのか、入り口の段階で深く考えさせられました。

2階の展示室へ上がるとそこはまさに地図のテーマパークです。古代の世界地図や、江戸後期に伊能忠敬が中心となって完成させた「大日本沿海輿地全図《だいにほんえんかいよちぜんず》」、明末にカトリック宣教師マテオ・リッチが作成した世界地図、「坤輿万国全図《こんよばんこくぜんず》」などを目にすると、興奮が止まりません。スマートフォンでGoogle Earthと照らし合わせながら地図を見ると、その正確さや作成の苦労をありありと実感します。

「どうやってこの時代に測量できたのか」「地図の測量にどんな苦労があったのか」「当時では

56歳は高齢なのに、伊能忠敬はなぜそれから17年も地図づくりを続けられたのか」と、問いが心の底から湧きあがってきます。

O先生は日本史が専門なため、その視点からの解説を加えてくれます。日本史と世界史とでは視点が異なるため、互いに新たな気づきや学びが尽きません。地図に描かれている国名や地名、その国家の広がり一つひとつも学びの対象になります。ひとつの地図の前で10分以上話し込む様子に、宗實先生と五十嵐先生は呆れた様子でした。地図を通して、社会科こそが自分たちにとって情熱をかけ、日々学びつづけることができるものであると、改めて実感できました。

子供たちが遊びを通して日本の地形について学べるコーナーもありました。宗實先生と五十嵐先生のお子さんがパソコンで一緒に都道府県の特色について学び合っていました。それぞれの県の地形特色からどういうことが考え得るか、類推していました。

「遊び」を入り口に学ぶことを好きにさせる――まさに教師の声かけを通して、地図が学ぶ対象へと変わる瞬間でした。「学びたいという意欲を稼働させる」ことこそ、私たち教員の役割だと再認識しました。また宗實先生の関わり方を目の前で見ていたO先生にとって、その声かけやさりげない支援の仕方等は、目から鱗だったようです。見学は教員の「研修」にもつながることにも気づかせてくれました。

最後に、最新の測量技術や地理情報システム（GIS）について展示から学びました。最新の研究や技術の進化によって、測量や地図が防災対策や減災に応用されていることがわかります。普段の生活のなかでは、最新の研究がどのように活かされているのか、実感することは難しいですが、展示物との対話を通して、最前線での研究が私たちの生活を支え、命を救ってくれていることがありありと伝わってきます。私たちはいかに科学の進歩によって生かされているのか気づかせてくれました。

## フィールドワークとは

私たちが日ごろ生活したり、教育活動を行ったりする「地域」から学べることは数え切れません。フィールドワークの意味について、宗實先生は共著『社会化教材の追究』（佐藤正寿他東洋館出版社）において、「自分自身の知識や見識を豊かにする」「自分自身の中に新たな『問い』が設けられる」「『ホンモノ』に触れると心が揺さぶられる」と記されています。

今回のフィールドワークを通して、それらすべてを実感することができました。また『宗實直樹の社会科授業デザイン』（東洋館出版社）には「『見えないもの』を見えるようにすることが『豊かさ』につながる」という一節があります。これは、フィールドワークでの目的と同じだと思います。

今回フィールドワークを通して私たちが五感をフル活用して味わった平和の大切さや予科練

生の生き方、地震や噴火の仕組み、鉱石の生成、地図の意義や目的と生活への応用については、日常生活が違って見えるインパクトがあります。

科学技術の進歩や過去の人たちの記録には人間の営みがあります。そういった「人」の姿が見えるものに出合うと心が揺さぶられ、我が事として迫ってきます。それを教材にすれば生徒には「切実性」のあるものになるでしょう。

フィールドワークの目的とは自分自身の人生を豊かにするとともに、教師としての「感性を磨く」ことだと私は捉えます。教師自身が地域を題材に感性を磨き抜くことで、目の前の生徒たちに多くの豊かな学びを伝えることができると、私は確信しています。

# 終章　教育の未来を考える

## 教育の未来のために

永井 崇

教育とは人を介して夢や希望を与える仕事だと私は思っています。教員から子供へ、あるいは子供から教員へという双方向で影響を与え合うものだと思います。人によっては〝共育〟と呼ぶ人もいるくらいです。

「先生に出会って考え方が変わりました」「先生と会わなかったらいまの自分はありません」等、少々大袈裟《おおげさ》に聞こえてしまう方もいると思いますが、実際に耳にする言葉です。私自身にも「先生の社会の授業がとっても楽しかった」と言ってくれる教え子がいます。そして、この子は現在、小学校の教員になり意欲的に社会科の授業実践に取り組んでいます。

このような話を聞くと、嬉しいという思いとさらなる私自身のやる気も出てきます。これが所謂《いわゆる》教師冥利に尽きるということなのかもしれません。

最近ではこのような気持ちを味わう前に、教員として業務遂行の難しさや教員や保護者等との人間関係に悩み、辛さだけを味わい、志半ばで教職を離れてしまった人たちもいます。本当に残念で仕方がありません。このようなことが少しでも減るようにしていきたいと心から思っています。それゆえ、今回、教員の働き方の現状についてしっかりと伝えようと頑張って書いてきたつもりです。

私は教員の働き方の現状を少しでも多くの方に理解していただくことで、働き方改革の必要性を感じていただきたいと思い、文章に記してきました。

いまのままでは、教員の労働環境は「ブラック」というレッテルを拭い去れず、ますます教員離れが進んでしまいそうです。事実、そのことを示すように、本市の教員採用試験の倍率が小学校で1・2倍となり、近い将来1倍を切るのではないかと予想されます。ほかの自治体も同様の深刻さを感じていると思います。

教育現場の働き方改革は教員だけでは実現できません。教員を取り囲む保護者や地域等の協力が必須です。なかなか高いハードルですが、本市の実践例に取り組むなか、保護者や地域の人たちからは、概《おおむ》ね理解を得ていると私は感じています。そうなると残るは「教員」ということになります。

働き方改革の壁になっているのは、教員がこれまでの教員文化から脱却できないことも原因のひとつにあります。口々に言う「子供のために」という献身的な姿勢が本当に子供のためになっているのか、いまの時代にマッチしているのか、教員の本来の業務は何なのか改めて熟考してもらいたいと思います。

教員のいまの姿が、未来の教師像をつくるということに、しっかりと自覚と責任をもってほしいと思います。

私が願っているのは「教師も生徒も笑顔溢れる学校」「毎日通いたくなる学校」の実現のみです。一日も早く実現し、不登校児童生徒が減少し、いじめが解消し、本来の業務である学習指導や授業改善に邁進できる学校となることを心より願っています。

根本太一郎

## 出会いが人生を変えるということ

今年（２０２４年）からこれまで勤めていた福島県の公立中学校の教員の職を辞し、縁あって、現在の勤務校である土浦日本大学中等教育学校にて勤務しています。

中学校教員として働きながら、オンラインによる全国の教員、大学関係者との出会いによって新しい環境で挑戦したい、そして、もともと抱いていた、世界史の教員をしてみたいという新たな夢が生まれました。その後行動した結果、偶然、いまの職場と巡り合いました。

そこで出会ったのが、本校の教頭先生です。偶然、教職員の公募情報を確認し、メールで面談希望のご挨拶をしたあと、Ｚｏｏｍでの面談に臨みました。このＺｏｏｍ面談こそ、私の人生を変えた、最大の出会いと言っても過言ではありません。

## たった1時間で人生が変わる

面談のなかで、先生から本校の立地や勤務体系、教職員や生徒数、教育活動の特色についてお聞きしました。そのなかで、新設校の立ち上げからこれまでの努力や苦労を包み隠さず話してくださいました。

「生徒とたくさんの学校行事や海外研修を通して強い絆が生まれ、6年間をともに過ごしたあとは、人生をともに歩む仲間になる」こういった趣旨の話を、先生は目を輝かせながら、生き生きと当時のことについて、熱をもって話してくださいました。

自分の学校をここまで愛し、夢や希望を語っている様子に、強く心が揺れ動きました。教頭先生が「熱意」や「愛情」をもって生徒に接し、ともに成長していった姿が目に浮かびました。現地に赴いたわけではないのに、先生と一緒に働きたいと強く心に刻んだ自分がいました。

さまざまな教育活動のなかで生徒に寄り添い、「伴走」していく教員になりたいと思う自分にとって、運命の出会いだったと言い切れます。

この1ヶ月後、教頭先生に初めてお会いし、面接に臨みました。このときも、校舎内を回りながら、これからの本校の展望を語られたり、実際の授業を拝見した際に、生徒の様子を嬉しそうに話されたり、ますます希望が膨らんだのを覚えています。

その後のほかの先生を交えた面接で、答えに窮した際、「一番は、教頭先生のもとで働きたい、それが理由です」と話しました。そこまで、自分でも言い切れるくらい、先生の誠実さやひたむきさ、目の前の人を大切にする優しさを感じました。

そんな出会いから半年経ち、私はいきいきと学級経営や教科指導等さまざまな教育活動に充実感をもってあたっています。ときには周囲に迷惑をかけていますが、笑ってフォローしてくださっています。

思い切った企画や授業にチャレンジできているのは、教頭先生をはじめ、すべての同僚の先生の支えあってのものです。

そんな職場に巡り合うことができたのも、あの日のＺｏｏｍ面談のお蔭です。あの日がなかったら今日の充実した日々は生まれませんでした。まさに、「たった1時間で人生が変わる」そんな瞬間でした。あの日出会わなかったら。そのとき公募が出ていなかったら。そもそも、その前の出会いや夢と重なって転職を志さなかったら……。すべて偶然のものが奇跡的に嚙み合って生まれたことがこの出会いだったのでしょう。

憧れでもあり身近な目標でもある教頭先生の背中を追い、学ばせてもらうこと。それが恩返しかなと思います。

## 奇跡レベルの偶然で出会ったこのクラスからの「ｇｉｆｔ」とは

学級担任を務めていると毎日が波乱万丈です。生徒間でのトラブルは日常茶飯事で、怪我をした、ＳＮＳでいざこざが起きてしまった、登校しぶり、体調不良での早退等……。前述のように、予期せぬことが立てつづけに起きるので、だんだんと余裕がなくなってきます。それなのに連鎖的にまた生徒指導や予期せぬ仕事が続く。おまけになんだか体が重い……胃も痛くなってきた……。これこそが教員のリアルです。

私にとっての「居場所」がいまの担任しているクラスです。「おはようございます」と顔を出すと笑顔で「先生！」と駆け寄ってくれる生徒、昨日家であったことを嬉しそうに話してくれる生徒、私との共通の趣味について語り出す生徒など……。楽しく、充実した時間はあっという間に過ぎ去っていきます。昼休みや休み時間、放課後も同様です。忙しい日々が過ぎていくなか、生徒たちと笑い合える、この毎日の時間こそ教員として働く私にとって、「ｇｉｆｔ」です。

生徒によく伝える話があります。このクラスは、天文学的数字の偶然が重なり集まった「奇跡」です。生まれた場所や環境がすべて異なる一人ひとりが奇跡的に集まっています。だからこそ、この偶然からつながった「縁」を大切にしてほしいというのが私の願いです。「縁は偶然かもしれないけれども、それを必然にできるよう、その関係を大切にしていかなければならないね」――これは前述の宗實直樹先生に8月にお会いしたときにいただいた言葉です。その後、なお一層、「縁」を大切にし、それをより強固にできるよう、日々の出会いやともに過ごす時間を味わう必要性を感じています。

「縁」が紡がれていく教室では、ふとした瞬間に生徒たちから「ｇｉｆｔ」をもらうことがあります。私の心を温め、疲れを吹き飛ばしたその瞬間を三つ紹介します。

ひとつ目は、生徒が毎日出す自主学習のノートを確認したときです。その生徒は努力家で、

**写真終-1　生徒の自主学習ノートに記されたメッセージ**

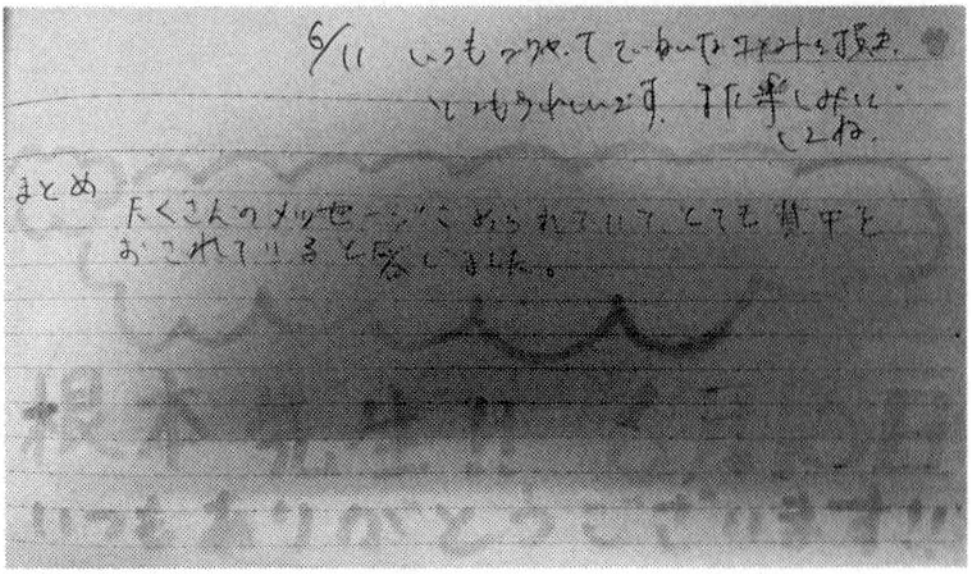

こつこつと何事も落ち着いて頑張り抜くことができ、得意な語学の力を伸ばすことに熱心です。「いつも頑張ってるなあ、感心だな」……そんな想いでページをめくると、次のような「gift」がありました。その生徒は学級通信に毎回私が記している英語のメッセージを一つひとつ訳していました。そして、最後にまとめとして温かいメッセージが添えられていたのです（写真終-1）。朝から心が芯から温まりました。さりげなく私が心を込めた学級通信のこだわりに気づき、温かい想いを伝えてくれるとは。まさに担任していて良かったと、心から思う瞬間です。

　ふたつ目は、つい先日のことです。この日は体調がきわめて悪く、立っているのがやっとでした。総合学習の授業のとき、クラスの生徒たちが各々オープンハウスの企画を班に分かれて考えているのをサポートしていました。授業が終わり、ほっとひと息ついて教卓に戻ったところ、私のiPadにこのような付せんが貼ってありました（写真終-2）。筆跡や日ごろの生徒の様子から、誰が書いたかはすぐにわかります。

写真終-2　生徒たちの貼ってくれた付せん

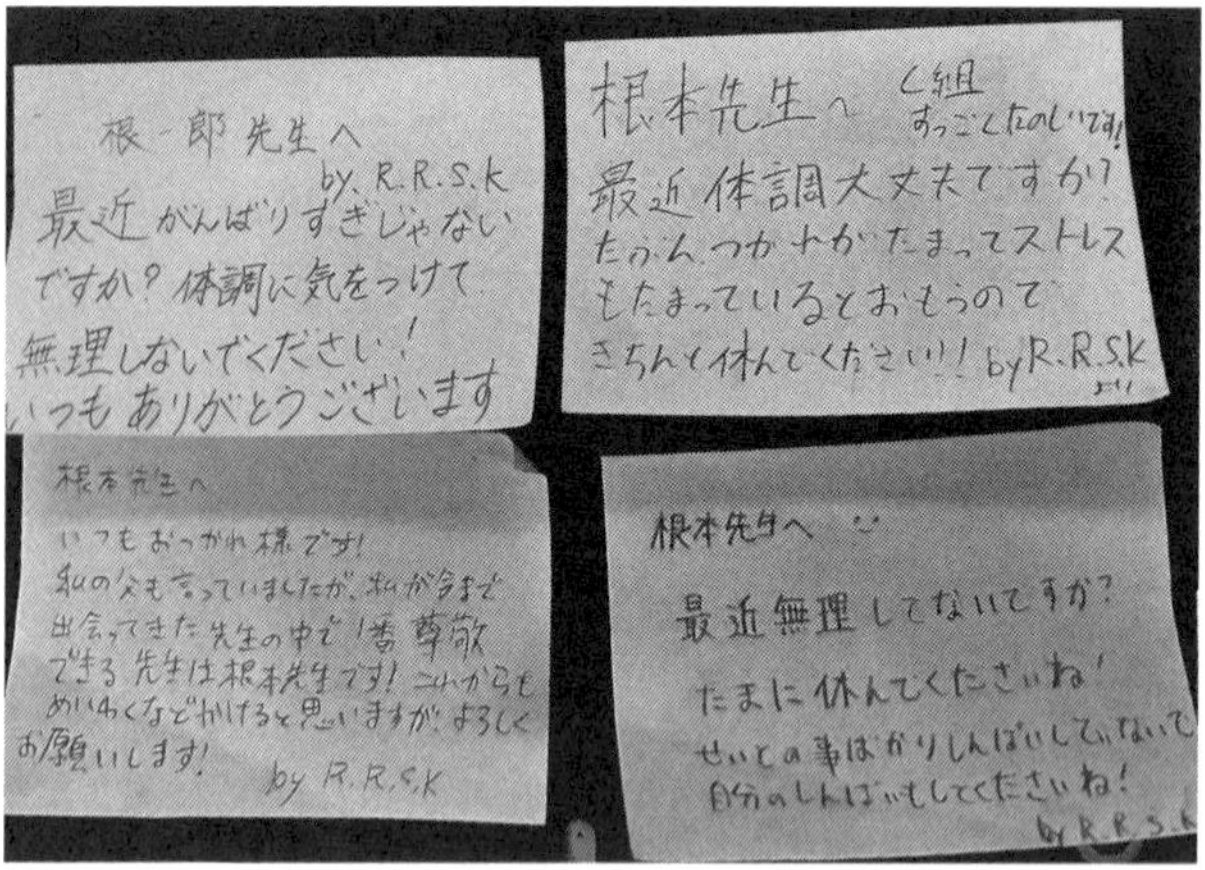
根本先生へ
by. R.R.S.K
最近がんばりすぎじゃないですか？体調に気をつけて無理しないでください！
いつもありがとうございます
根本先生へ　C組すっごくたのしいです！
最近体調大丈夫ですか？
たぶんつかれがたまってストレスもたまっているとおもうのできちんと休んでください!!
by R.R.S.K
根本先生へ
いつもおつかれ様です！
私の父も言っていましたが、私が今まで出会ってきた先生の中で1番尊敬できる先生は根本先生です！これからもめいわくなどかけると思いますが、よろしくお願いします！
by R.R.S.K
根本先生へ
最近無理してないですか？
たまに休んでくださいね！
せいとの事ばかりしんぱいしていないで自分のしんぱいもしてくださいね！
by R.R.S.K

教員になって9年目。こんな「gift」は初めてです。読んだ瞬間、視界が涙で滲みました。授業が終わったら、昼食を買いに行く四人を呼び止めたら、「なんのことですか？　そんなことよりも無理しないでくださいね！」と笑顔で立ち去る姿にますます心が温まりました。その後、廊下で会ったときにお礼を伝えると、「自分のことも気遣ってくださいね！　休んでください」と。

三つ目は、私の誕生日のことです。その日、少し早く教室に向かうと、生徒から「教室に入らないでください！」とのこと。なんのことかと思いつつ、職員室に入りました。その後、朝のショートホームルームが始まる時間に戻ったら、「根本先生、誕生日おめでとうございます！」という黒板へのサプライズがありました。

**写真終-3　メッセージを記した黒板の前で生徒たちと**
**（4月28日付発行の学級通信にて）**

# GO FORWARD
# 1-C学級通信

特別号　文責　発行4月20日
1年C組担任　根本太一郎

## Change & Challenge!!~GO FORWARD~

本日はお集まりいただき、誠にありがとうございます。改めて、今年度1年間、お世話になります。よろしくお願いいたします。今回の学級通信では、私の学級運営方針についてお話させていただきます。今年度の学級の最大の目標は、上記のスローガンにのっとり、「変化を恐れず、何事にも挑戦し、前に一歩進んでほしい」と考えています。新しい中学校生活、それも6年間という長い期間、これまでの小学校生活と比べて多くの変化に対する不安があるかと思います。そんな中、不安を恐れて立ち止まってしまうのではなく、何事にも積極的に挑戦してほしいです。特に、本校はスポーツデイ、蓼科研修、京都・奈良研修、オープンハウスなど数多くの行事があります。そんな中で、たくさんのことを経験することを通して、自信をつけ、自分の目標や夢に対して前向きに進んでいける人になってほしいと考えます。

生徒たちには、入学して早々、「ファーストペンギン」の話をしました。周りの様子をうかがいながら一歩踏み出すのではなく、先陣を切って前に飛び込んでいけるような積極性を特に身につけることができるような、そんな1年C組となることを願います。生徒ともに、伴走し、ともに成長することができる存在として、担任、副担任ともども過ごしていきたいです。今後とも、どうぞよろしくお願いいたします。

（理想の学級像とは）

私の目指す学級は、「暖かみのある学級集団」です。生徒たちがともに励ましあい、支えあいながら、成長することができるクラスです。始まって13日ですが、まさにその言葉を体現できるような資質をもった生徒たちだと日々実感しています。上の写真は、昨日、私が誕生日を迎えた際に、数名の女子生徒が中心となってサプライズを企画してくれた歳の写真です。朝、登校し、教室に入ろうとしたら「まだ入らないでください！」と言われ、職員室へ戻りました。SHRが始まる時間に再び戻ったところ、上のような黒板の寄せ書きがありました。感動で胸がいっぱいになり、言葉が出ませんでした。これまで何度も担任を経験してきましたが、こんなにも暖かいメッセージをもらったのはは初めてです。本当にありがとうございました。このあとも、何人もの生徒から「おめでとうございます」の言葉をもらい、幸せな時間でした。このように、C組の生徒は優しさで満ち溢れています。困った生徒や悩んでいる生徒にも寄り添うことができる、本当に素敵な集団です。まさに生まれ持った「GIFT」だと思います。このよさをこれからも伸ばし、さらに成長することができるよう、改めて担任として強く想いを新たにしました。ぜひ、お子様にもよろしくお伝えください。

一部の生徒が周りの生徒を巻き込み、黒板にお祝いのメッセージを書いてくれていたのです。唐突なお祝いに驚くとともに、感動で胸がいっぱいです。

その日は生徒たちの計らいで、黒板にメッセージを残したままでした。一日の終わりに黒板を背に撮った集合写真は、私にとっての宝物です（写真終-3）。

教員として働いていると、予期せぬ瞬間に、生徒からの心温まる「gift」が届くことがあります。こんな感動を与えてくれる、素敵な仕事に出合うことができて、私は本当に幸せ者だとつくづく思います。

こう思えることは、これまで出会った恩師や同僚をはじめとした教育関係者、そして何よりも、これまで関わってきたすべての生徒たちのお蔭です。これから先、この素敵な仕事を選んでくれる後進にバトンをつないでいくのが私たちの役目だと思っています。そのためにも、現役の教員が、教職の魅力ややりがいを発信していくとともに、持続可能な職場や環境づくりに尽力していく必要があると思います。

皆さん、教員という仕事は、未来ある児童・生徒の人生に寄り添い、その成長をともに「伴走」することができる、とても魅力ある、素晴らしい仕事です。ぜひ、その未来をより輝かしいものにできるよう、お力を貸してください。お願いします。

# あとがき

永井 崇

教員になって早いもので34年が経過しました。気が付けば、定年までもう少しというところまできています。振り返ってみると多くの方に支えられ、恵まれた教師生活を送ることができたと改めて感じています。

そのなかのひとりとして、共著者となった根本太一郎先生がいます。根本先生との出会いは忘れもしない、県が主催する初任者研修でした。私は当時、県教育センターに勤務しており、教員への研修を担当していました。根本先生はひと目見たときから際立った印象でした。目を輝かせながら、課題に意欲的に取り組む姿に「これまで関わった初任者とは違う！」という強い衝撃を受けました。

そのときから、今日まで社会科をはじめ、学級経営や生徒指導など授業以外においても、良き相談相手として互いに高みをめざして話し合ってきました。

また、偶然にも、私の息子が通っていた大学の先輩ということで、大学のスポーツ等の話題でも意気投合し、もし自分たちが監督になったなら、どのようにして戦うかなどの戦術等について語り合いました。その話題がいつの間にか教育の話題になり、明治大学教育会の存在を教えてもらいました。

根本先生から授業改善の話を聞くなか、「明治大学教育会で私たちの実践例を紹介し、多くの人たちに発信しましょう」と熱意ある誘いに引き寄せられました。そのうえ、根本先生の働きかけにより、明治大学教育会の一員として迎えていただき、貴重な発表の機会までいただきましたこと心より感謝しています。

これからも、明日の教育について語り合いながら互いに切磋琢磨して、子供たちのために尽力していきたいと思っています。

根本先生からはさらなる出会いもいただきました。その出会いとは、名古屋経済大学法学部教授の高橋勝也先生です。

高橋先生には、明治大学教育会で私たちが発表した「教員の働き方改革や授業づくり」などについて、聞いていただいたうえ、同席していた育鵬社の田中亨さんにつないでいただきました。この紹介がなければ、今回の執筆の機会も叶わなかったと思っています。このような素晴らしい機会をいただきましたことに感謝申し上げます。

田中さんには業務がご多用ななかにもかかわらず、企画の段階から大変ご尽力をいただきました。急な依頼にも快くお引き受けいただいたお蔭で、私のような人間が無事この本を書き終えることができました。心より御礼を申し上げます。

また、改めて、これまでお世話になったすべての先生方、そして、発表の機会をいただいた明治大学ならびに明治大学教育会の皆さんに感謝申し上げます。ありがとうございました。

結びに、この本を手にとっていただいた方のなかからひとりでも多く、教員の働き方の現状を理解し、教員の働き方改革に真剣に向き合ってもらえたらと思います。そして、かつて子供たちがなりたい職業の上位に位置してきた「教職」に再びスポットが当たり、憧れを抱かれる職業に復帰してくれることを心より期待しています。

2024年12月

# 根本太一郎

本書を読んでいただき、ありがとうございました。

ここまで、「教員」という仕事について、さまざまな視点から振り返ってきました。いままでひとりの教員として向き合ってきたことの数々を思い出し、素晴らしい想いをさせてもらいました。そういう意味でもこの仕事は、何物にも代えがたい、素敵な魅力がたくさん詰まっているものだと改めて実感します。何よりも日ごろの授業や学級での生徒との関わり、ほかにも、あらゆる場面で生徒とともに過ごす時間の一つひとつがかけがえのないものだと改めて思います。

「教育」という崇高な使命のもと、生徒の人生に責任をもって人生の1分1秒を捧げることができるこの仕事に出合えて、本当に幸せな気持ちでいっぱいです。

私が正式に教員として採用されたのは、27歳の春でした。新卒の同期採用の面々とは4歳差。ほとんどが教員養成系の大学で専門性を伸ばして学んでいました。周りと比較し、日々の生活での失敗続きのなか、劣等感をもっていました。

そんなときに出会ったのが、今回の共著者永井崇先生です。最初は初任者研修の指導教官と研修者という形で出会い、前述の教頭先生を通して、一席設けていただきました。ご子息と私の出身大学が同じという縁もあり、何かと目にかけてくださいました。

永井先生の主催する研修で、講師として話をさせていただく機会をもらったり、一緒にフィールドワークに出かけたり、ときには相談に乗っていただいたりするなど、まさに手取り足取り「教員」としての道を導いてくださった「恩師」です。

永井先生を介して出会った「縁」も多く、そこからまた新たな「縁」につながったこともたくさんあります。社会科の授業づくりだけでなく、教員としての生き方、そして「父」としての生き方など……。教えがいまの自分をつくったと思っています。

「いつか一緒に何か大きな仕事したいね」――こういった会話を幾度となくしてきました。それがまさか、共著という形で叶うとは思いもよりませんでした。人生はどんな形で広がっていくかはわかりません。「根本くんらしい授業をすればいいんだよ」「背伸びしないで、いまできる仕事をしよう」――永井先生の励ましに幾度となく心が救われました。そのたびに心を奮い立たせ、いまの自分にしかできない実践を積み重ねてきました。その結果、少しずつ自信が生まれ、前進できました。

「夢」や「志」をもち、それを忘れずに目の前のことに最善を尽くしていけば、必ず道は拓ける……この本の執筆のために過去を振り返ったことでしみじみと実感しています。

ここで私の大切にしている言葉を紹介したいと思います。

先日、本校の教頭先生より教えていただいたものです。幕末の教育者である吉田松陰の言葉です。長州藩（現在の山口県）に松下村塾という私塾を開き、海外列強からの国防を説いた人物です。高杉晋作や桂小五郎、伊藤博文といった、のちに明治維新のリーダーとなる人々に大きな影響を与えました。

この漢詩は明治維新の10年前の安政５（１８５８）年、門下生のひとりの山田顕義が14歳で元服した際、扇に書いて贈ったものです。

立志尚特異
俗流與議難
不思身後業
且偸目前安
百年一瞬耳
君子勿素餐

（現代語訳）

志を立てるためには

人と異なることを恐れてはならない
世俗の意見に惑わされてもいけない
死んだあとの業苦を思いわずらうな
また目前の安楽は一時しのぎと知れ
100年のときは一瞬にすぎない
君たちはどうかいたずらにときを過ごすことのないように

これまでの教員人生、まさにあっという間でした。
これからも自分の「夢」や「志」を胸に刻み、生きていきたいと思います。
最後に、私のバイブルである『人生の勝算』(前田裕二　幻冬舎文庫)より言葉を引きます。

**自分は世の中に代替不可能な価値を残せているのか。**

私は「教員」として自分にしかできない、理想の教育を追究していくことを強く誓います。

本書の執筆にあたっては、育鵬社の田中亨さんに大変ご尽力いただきました。企画段階から打ち合わせをし、よりよい日本の教育について、話し合いを重ねてきました。また、田中さんとの縁をつないでいただいた名古屋経済大学法学部教授の高橋勝也先生にも重ねて御礼を申し上げます。また、これまで勤務してきた学校でご一緒させていただいたすべての先生、明治大学そして明治大学教育会の皆さま、これまで私と関わり、ご指導いただいたすべての方々に感謝申し上げます。そして、永井先生、これからも変わらずご指導ください。本当にありがとうございます。

何よりも、教員を志すきっかけとなった、中学時代の三人の恩師をはじめ、中・高・大とご指導をいただいた先生、本当にありがとうございます。

この本は、これまで出会ったすべての生徒の皆さんとの出会いがもとになって生まれました。本当に感謝しています。「先生の授業楽しかった！」「先生の授業、来年も楽しみです！」「先生みたいな教員になりたい」――こういった言葉の一つひとつが私の励みです。これからも一緒に、授業等を通してたくさん学んでいきましょう。

あと、いつもそばで支えてくれる妻と息子。いつも温かい笑顔で励ましてくれてありがとう。あなたたちがいるから、私は頑張れます。私の仕事にかける情熱を理解してくれて、本当に感謝しています。

最後に、本書を手に取ってくださった皆さま。ぜひ、私たちと一緒に教育の未来を考えていきましょう。

２０２４年12月

# おもな参考文献

前田裕二『人生の勝算』（幻冬舎文庫　２０１９）
大西康之『流山がすごい』（新潮新書　２０２２）
安宅和人『シン・ニホン』（ＮｅｗｓＰｉｃｋｓパブリッシング　２０２０）
堀江貴文・落合陽一『10年後の仕事図鑑』（ＳＢクリエイティブ　２０１８）
落合陽一『２０３０年の世界地図帳』（ＳＢクリエイティブ　２０１９）
舟津昌平『Z世代化する社会』（東洋経済新報社　２０２４）
金間大介『先生、どうか皆の前でほめないで下さい』（東洋経済新報社　２０２２）
石井光太『ルポ　スマホ育児が子どもを壊す』（新潮社　２０２４）
石井光太『ルポ　誰が国語力を殺すのか』（文藝春秋　２０２２）
五木田洋平『対話ドリブン』（東洋館出版社　２０２４）
新井紀子『ＡＩ vs. 教科書が読めない子どもたち』（東洋経済新報社　２０１８）
工藤勇一『学校の「当たり前」をやめた。』（時事通信社　２０１８）
工藤勇一他『学校ってなんだ！』（講談社現代新書　２０２１）
西郷孝彦『校則なくした中学校　たったひとつの校長ルール』（小学館　２０１９）
出口治明『「教える」ということ』（角川新書　２０２４）
出口治明他『世界史に学ぶ　コロナ時代を生きる知恵』（文春ブックレット　２０２０）
川上康則『教室マルトリートメント』（東洋館出版社　２０２２）
川上康則・武田信子他『教室「安全基地」化計画』（東洋館出版社　２０２３）

福嶋尚子・柳澤靖明・古殿真大『教師の自腹』（東洋館出版社　２０２４）
佐藤正寿『社会科授業成功の極意』（明治図書出版　２０１１）
佐藤正寿他『社会科教材の追究』（東洋館出版社　２０２２）
佐藤正寿他『社会科実践の追究』（東洋館出版社　２０２３）
宗實直樹・椎井慎太郎『１人１台端末時代の社会授業づくり』（明治図書出版　２０２２）
宗實直樹『社会科「個別最適な学び」授業デザイン　理論編』（明治図書出版　２０２３）
宗實直樹『宗實直樹の社会科授業デザイン』（東洋館出版社　２０２１）
宗實直樹『社会科新発問パターン集』（明治図書出版　２０２１）
坂本良晶『さる先生のＣａｎｖａの教科書』（学陽書房　２０２４）
坂本良晶『さる先生の「全部ギガでやろう！」』（学陽書房　２０２３）
坂本良晶『さる先生の学校ゲームチェンジ』（学陽書房　２０２１）
樋口綾香『ＧＩＧＡスクール時代の学びのデザイン』（東洋館出版社　２０２３）
横田富信『黒子先生の見えざる指導力』（東洋館出版社　２０２０）
横田富信『問題解決的な学習の支え方』（明治図書出版　２０２２）
末永幸歩『13歳からのアート思考』（ダイヤモンド社　２０２０）
尾木直樹『「過干渉」をやめたら子どもは伸びる』（小学館新書　２０２０）
孫泰蔵『冒険の書　ＡＩ時代のアンラーニング』（日経ＢＰ　２０２３）
盛山隆雄『クラスづくりで大切にしたいこと』（東洋館出版社　２０２１）
奈須正裕他『「個別最適な学び」と「協働的な学び」の一体的な充実を目指して』（北大路書房　２０２３）
高橋勝也『恋ではなく愛で学ぶ政治と経済』（清水書院　２０１９）

原田三朗『現場の教育論』（東洋館出版社　２０２３）
苫野一徳『教育の力』（講談社現代新書　２０１４）
苫野一徳『「学校」をつくり直す』（河出新書　２０１９）
汐見稔幸『学校とは何か』（河出新書　２０２４）
山下範久『教養としての世界史の学び方』（東洋経済新報社　２０１９）
金子勇太他『歴史総合の授業と評価』（清水書院　２０２３）
国立教育政策研究所教育課程研究センター『「指導と評価の一体化」のための学習評価に関する参考資料　中学校　社会』
（東洋館出版社　２０２０）
国立教育政策研究所教育課程研究センター『「指導と評価の一体化」のための学習評価に関する参考資料　高等学校
地理歴史』（東洋館出版社　２０２１）
文部科学省『高等学校学習指導要領（平成30年告示）解説　地理歴史編』（東洋館出版社　２０１９）
文部科学省『中学校学習指導要領（平成29年告示）解説　総則編』（東山書房　２０２０）
文部科学省『中学校学習指導要領（平成29年告示）解説　社会編』（東洋館出版　２０１８）
「#教師のバトン」プロジェクトについて（文部科学省）https://www.mext.go.jp/mext_01301.html
「明治大学における教職課程履修学生の教職に関する意識」（伊藤　２０２０）
「大分県の25年度教員採用試験、実質倍率は2・6倍　初の秋選考を実施へ」（大分合同新聞）
https://www.oita-press.co.jp/1010000000/2024/09/03/JDC2024090201756
離職の理由別離職教員数（公立中学校）（文部科学省　令和４年度学校教員統計）
公立学校における日本語指導が必要な児童生徒数の推移
（文部科学省「日本語が必要な児童生徒の受入れ状況等に関する調査」）

コミュニティ・スクールとは（つくば市教育局　生涯学習推進課）
https://www.city.tsukuba.lg.jp/material/files/group/158/tsukubaCStirashi-1.pdf
令和5年度のコミュニティ・スクールと地域学校協働活動実施状況調査（文部科学省）
https://www.mext.go.jp/content/20231128-mxt_chisui02-000032854_1.pdf
【中学校・社会科】東日本大震災を教訓に――福島県楢葉町における防災×ＩＣＴの授業実践
https://edtechzine.jp/article/detail/9983
【中学校・総合的な学習の時間】地域の魅力を発信する会社を中学生が経営！「模擬会社Nalys」の実践
https://edtechzine.jp/article/detail/9984
根本太一郎・永井崇『相双地区の地区における特色ある教育活動について～勤務校での実践事例をもとに』（明治大学教育会紀要　第15号　２０２２）

## 永井 崇（ながい・たかし）

福島市教育委員会主任管理主事。昭和43（1968）年、福島県生まれ。福島県内の公立小学校に勤務後、平成11（1999）年よりタイ・バンコク日本人学校で3年間勤務。福島県内の公立小学校に復帰し、平成18年より福島大学附属小学校に勤務。平成27年、福島県公立小学校教頭。平成29年、福島県教育センター指導主事。令和3（2021）年より福島県公立小学校校長勤務を経て現職。教育関係誌や大学の研究紀要等に多数の論考を寄せている。

## 根本太一郎（ねもと・たいちろう）

土浦日本大学中等教育学校教諭社会科主任。平成3（1991）年、福島県生まれ。明治大学文学部史学地理学科西洋史専攻卒業。一般企業勤務等を経て、福島県公立学校にて8年間勤務後、現職。社会科の授業を通した『感動』を生徒にもたせるため、教壇に立つ。歴史教育を核に高等教育機関との連携を図りながら、国際理解教育、金融教育、防災教育の実践・研究を進めている。明治大学教育会事務局員、初等中等金融経済教育ワークショップ事務局長、FESコンテストアンバサダー、関東ESD活動支援センターアドバイザー。「心豊かな社会をつくるための子ども教育財団提言コンテスト　2023年『For A Brighter Future―心豊かな社会をつくるために私のやりたいこと』コンテスト　大賞」受賞。おもな著作物に『社会科「個別最適な学び」授業デザイン事例編』（明治図書、分担執筆）などがある。教育誌やウェブメディアにも教育実践例を寄せている。

扶桑社新書524

# 学校は甦る
## その現状と未来を考える

発行日 2025年1月1日　初版第1刷発行

著　　者………永井 崇　根本 太一郎
発 行 者………秋尾 弘史
発 行 所………株式会社 育鵬社
〒105-0022 東京都港区海岸1-2-20 汐留ビルディング
電話 03-5843-8395(編集) http://www.ikuhosha.co.jp/
株式会社 扶桑社
〒105-8070 東京都港区海岸1-2-20 汐留ビルディング
電話 03-5843-8143(メールセンター)
発　　売………株式会社 扶桑社
〒105-8070 東京都港区海岸1-2-20 汐留ビルディング
(電話番号は同上)

装　　丁………新 昭彦(ツーフィッシュ)
帯 写 真………時事通信フォト
DTP制作………株式会社 ビュロー平林
印刷・製本………中央精版印刷 株式会社


Printed in Japan　ISBN 978-4-594-09822-3